보통 사람들을 위한 제국 가이드 *The Ordinary Person's Guide to Empire*

The ORDINARY PERSON'S GUIDE TO EMPIRE
Copyright 2004 by Arundhati Roy All rights reserved.
Korean translation copyright 2005 by Siwool Publishing Co.
This Korean edition published by arrangement with David Godwin Associates, London through KCC(Korea Copyright Center Inc.), Seoul.

이 책의 한국어 판 저작권은 (주)한국저작권센터(KCC)를 통한 저작권자와의 독점계약으로 <도서출판 시울>에 있습니다. 저작권법에 의해 한국 내에서 보호를 받는 저작물이므로 무단전재와 복제를 금합니다.

보통 사람들을 위한 제국 가이드

지은이 | 아룬다티 로이
옮긴이 | 정병선
펴낸이 | 이명희
펴낸곳 | 도서출판 시울
편 집 | 김형필
디자인 | 홍수진

첫 번째 찍은 날 2005년 9월 29일

등 록 2004. 7. 6. 제313-2004-00176호
주 소 121-836 서울시 마포구 서교동 325-1 원천빌딩 3층
전 화 02-3141-9640
팩 스 02-3141-9641
전자우편 siwool@siwool.com

ISBN 89-956197-3-2 03330

값 8,500원

보통 사람들을 위한 제국 가이드 *The Ordinary Person's Guide to Empire*

아룬다티 로이 지음 · 정병선 옮김

2005년 시울

옮긴이

정병선 ● 연세대학교 신문방송학과에서 글쓰기와 저널리즘을 공부했다. 여러 매체를 통해 다양한 생각을 알리는 데 관심을 가져 번역, 집필, 다큐멘터리 작업을 하고 있으며 다양한 국제 뉴스를 전달하는 블로그(다음 카페-sumbolon의 국제정치 평론)를 운영하고 있다. 편역한 책으로 『우리는 어떻게 비행기를 만들었나』(지호 2003)가 있고, 옮긴 책으로는 『그 많던 지식인들은 다 어디로 갔는가』(청어람미디어 2005), 『전쟁의 얼굴』(지호 2005), 『브레인 스토리』(지호 2004), 『전쟁과 우리가 사는 세상』(지호 2004), 『미국의 베트남 전쟁』(책갈피 2004), 『렘브란트와 혁명』(책갈피 2003), 『모차르트』(책갈피 2002), 『벽을 그린 남자, 디에고 리베라』(책갈피 2002), 『축구 전쟁의 역사』(이지북 2002)가 있다.

차 례

전쟁이 평화라는 아이러니 * 7

제국의 진실 * 29

인스턴트 제국 민주주의 * 46

역사의 위인들이 행진에 나설 때 * 74

샹카르 구하 니요기를 추모하며 * 85

인종주의의 새로운 우화 * 89

시민 불복종의 의미를 되새기며 * 102

[부록] 함께 우리의 미래를 건설합시다 * 126

옮긴이 후기 __ 134

후주 __ 137

찾아보기 __ 159

일러두기

1. 인명이나 지명, 그리고 작품명은 될 수 있는 한 '외래어 표기법'(1986년 1월 문교부 고시)과 이에 근거한 『편수자료』(1987년 국어연구소 편)를 참조해 표기했으나, 주로 원어에 가깝게 표기하는 것을 원칙으로 삼았다. 단, 국내에 잘 알려져 있지 않거나 잘못 알려진 경우가 아니라면 이미 널리 알려진 표기법은 그대로 사용했다.

2. 각주에는 '옮긴이 주'와 '지은이 주'가 있다. 옮긴이 주는 작은 괄호 안에 숫자(1), 2), 3),……)로 표시해 각주로 처리했고, 지은이 주는 괄호 안에 숫자([1], [2], [3]……)로 표시한 뒤 후주로 처리했다. 옮긴이 주는 본문에 나온 용어 가운데 독자들이 낯설어 할만한 것들 위주로 달았다. 단, 옮긴이 주로 따로 빼기에는 그 설명 내용이 많지 않은 옮긴이 주는 본문 안에 큰 괄호([ ]) 안에 적어 넣었다.

3. 본문의 고딕 글씨로 표시된 부분은 지은이가 강조한 부분이며, 단행본, 전집, 정기간행물, 영상·음반·공연물에는 겹낫쇠(『 』)를, 논문이나 논설, 기고문, 선언문, 단편 등에는 홑낫쇠(「 」)를 사용했다.

전쟁이 평화라는 아이러니* *Peace is War*

● 언론 보도의 부수적 피해

최근에 인도 언론에서 재미있는 논쟁이 벌어졌습니다. 영어로 발행되는 한 유명 일간지가 (가십난으로 사용되어 온) 3면의 지면을 돈만 내면 누구나 특집 기사로 꾸며 주겠다고 발표하고 나선 것입니다. (여기에는 지면의 다른 뉴스는 어떤 식으로도 전혀 후원을 받지 않고 그래서 오점이 없는 '순수한 뉴스'라는 암시가 깔려 있습니다.) 그 발표는 일련의 반응——대부분이 격분하는 것이었습니다.——을 불러 일으켰는데요, 공명정대한 저널리즘의 자랑스러운 전통을 심각하게 타락시킬 수 있다는 내용이 주를 이루었습니다. 개인적인 소회를 밝히자면 나는 기뻤습니다. 대규모 주류 언론사가 '돈 받고 써주는' 기사라는 개념을 도입한 짓이 언론의 작동 방식을 잘 모르는 대중을 교육하는 사업에서 커다란 일보

---

* 이 글은 2003년 3월 7일 인도 뉴델리 사회발전연구센터 Center for the Study of Developing Societies; CSDS에서 행해진 연설의 원고이다. 뉴미디어주권 New Media Initiative, CSDS, 델리의 와그협회 Waag Society가 모인 사라이 Sarai가 이 연수회를 조직했다. 연설문은 『사라이 리더 제4호: 위기/언론 *Sarai Reader 4: Crisis/Media*』(New Delhi: Sarai, 2004)에 처음 출판되었다. 사라이에 관해 더 자세히 알고 싶다면 인터넷 웹사이트 http://www.sarai.net/을 방문하라.

전진이 될 수 있겠다고 판단했기 때문입니다. '돈을 받고 써주는' 기사라는 개념이 토론의 의제로 채택되면, 그리하여 이 문제를 심사숙고하게 되면 대중은 다음과 같은 사실을 쉽게 이해할 수 있을 것입니다. 신문의 가십난이 경매되는 마당에 다른 지면이라고 안 팔릴까? 모든 것——강, 삼림, 자유, 민주주의, 정의——이 판매되는 '시장'의 시대에 뉴스라고 특별할까? 돈을 받고 써주는 뉴스라, 기가 막힌 아이디어로군! "이 기사는 아무개가 당신에게 보내는 것입니다……." 그 비율과 요금을 국가가 신축적으로 규제할 수도 있을 것입니다. (헤드라인, 1면, 2면, 스포츠 면 등등으로 말입니다.) 그러나 한 번 더 생각해 보면 '자유 시장'이 사태를 통제하도록 내버려둘 수도 있을 것입니다. 지금의 현실이 그렇듯이 말입니다. 매력적인 공식을 왜 바꾸겠습니까?

    대규모로 발행되는 신문과 상업 텔레비전 채널이 정교하게 조작된 이데올로기적 음모인지 아니면 정치적 의도가 없이 최선을 다하는 과정에서 좌충우돌하는 대체로 양호한 무정부적 혼란 상태인지에 관한 논쟁은 해묵은 것으로 더 이상 말하지 않겠습니다. 2001년 9월 11일 세계무역센터가 공격받은 후 미국의 주류 언론이 정부 대변인을 자처하며 보여준 뻔뻔스런 행위는 나머지 세계에는 매우 기괴한 한 편의 블랙 유머였습니다. 자유 언론의 신화가 미국에서 몰락하고 있음을 보여준 것입니다. 그러나 우리가 미국의 불행을 고소한 듯이 바라보고만 있을 수는 없습니다. 포크란[Pokhran, 1998년 5월 라자스탄 주의 포크란에서 핵실험이 진행되었다.] 핵실험과 카길 전쟁[Kargil War, 1999년 중반 인도와 파키스탄은 카슈미르의 일부

지역인 카길에서 분쟁을 벌였다.] 당시에 인도 언론도 똑같이 행동했기 때문입니다. [2002년] 12월 13일에 자행된 인도 국회의사당 공격과, 뒤이은 S.A.R. 젤라니[1] 재판을 보도한 그 낯 뜨거운 과정에서 주저함 따위는 전혀 없었습니다. 대체로 양호한 언론의 행동 방식도 거의 찾을 수 없었습니다. 젤라니는 애국주의적 광분과 노골적인 거짓말로 부채질 되는 여론 재판의 표적이 되었고 사형을 선고 받았습니다. 좀더 일상적인 얘기를 해 보겠습니다. 인도 언론에 정보를 의지하는 사람 가운데 1989년 이후 카슈미르에서 무려 8만 명이 사망했다는 사실을 누가 알겠습니까? 그들 대부분이 무슬림이고, 인도 보안군에게 살해당했다는 것을 아는 사람이 있습니까?[1] 카슈미르에서 자행되는 학살과 '실종'으로 인도가 바나나 공화국 수준으로 전락했다는 것을 안다면 많은 인도인이 분노할 것입니다.

현대 민주주의는 신자유주의 자본가들이 그 분쇄 방법을 깨우칠 만큼 충분히 오랫동안 생존해 왔습니다. 그들은 민주주의의 제도와 기구들, 곧 '독립적' 사법 기관, '자유' 언론, 의회에 침투해 자신의 목적에 따라 바꾸어 내는 기술을 완벽하게 습득했습니다. 기업이 주도하는 세계화 프로젝트가 사회의 규범을 부수어 버렸습니다. 자유선거와 자유 언론, 그리고 독립적 사법부는 자유 시장에 의해 그것들이 최고 가격을 제시하는 입찰자에게 팔리는 상품으로 격하될 때 아무 의미도 갖지 못합니다.

민주주의를 꽃피우기 위해 언론을 감시하고 제어하는 일이 더욱더

---

1) 젤라니 S.A.R. Geelani: 델리 대학교 아랍어 교수. 2002년 12월에 자행된 인도 의회 공격의 배후로 지목되어 사형 선고를 받았다. 2년 가까이 감옥 생활을 한 후 무죄 석방되었다.

중요해지고 있습니다. 여섯 개의 대기업이 미국의 주요 언론을 소유하고 있습니다.[2] 상위 여섯 개의 케이블 방송 회사가 케이블 텔레비전 가입자의 80퍼센트를 장악하고 있습니다.[3] 인터넷 웹사이트마저도 거대 미디어 기업들이 진출하고 있습니다.[4]

    기업 언론이 신자유주의 프로젝트를 지지한다고 생각하는 것은 착각입니다. 기업 언론 **자체가** 신자유주의 프로젝트이기 때문입니다. 기업 언론은 돈과 권력을 가진 자들이 선택한 수단이고, 동맹이고, 집합체이고, 합류점이고, 중핵인 것입니다. 기업 주도의 세계화 프로젝트가 부자와 빈자 사이의 불평등을 심화시키고, 세계가 점점 더 거칠게 변모하자 호시탐탐 달콤한 뒷거래를 노리면서 배회하는 기업들에는 종복들의 반란을 효과적으로 진압하는 억압적인 정부들이 필요해졌습니다. 물론 정부들도 기업이 필요합니다. 이런 상호 의존 관계는 일종의 기업 민족주의를 낳습니다. 좀더 정확히 말해서 기업·민족주의입니다. 그 관계를 상상하실 수 있겠습니까? 기업·민족주의는 언론의 확고부동한 국가國歌가 되었습니다.

    우리가 해야 할 주요 과제 중의 하나는, 이른바 '중립적'이라는 자유 언론과 돈의 힘을 맺어주는 복잡한 연결 고리를 폭로하는 것입니다.

    지난 몇 년 사이에 뉴미디어는 정말 대단한 모험을 시작했습니다. 늙은 들소 주위를 윙윙 나는 성가신 벌떼처럼 뉴미디어가 기존의 미디어를 습격한 것입니다. 뉴미디어는 기존의 미디어가 가는 곳마다 따라다니면서 매번 이러쿵저러쿵 논평을 하고 비판을 했습니다. 뉴미디어가 기존의 미디어를 바꾸지는 못했지만 제도권 언론을 현란한 속임수를 구사하는 선전 도구에서 거대한 시드롬으로 변모시킬 가능성은 만들어낸 것입니다. 한 번 생각해 봅시다. 늙은 들소는 원문이고, 벌떼는 그 원문을 해체하는 하이퍼링크입니다. 벌 한 마리를 클릭하면 심층적인 이야기를 접할 수 있는 것입니다.

인터넷을 사용할 수 있는 운 좋은 소수는, 이제 기본적으로, 언론의 보도 내용을 맥락 속에서 이해하고, 그것——권력자들의 관심사를 보도하고 분석하는 정교한 이사회 회보——이 정말로 무엇을 지지하는지를 파악하게 됩니다. 벌에게 그것은 경이적인 성과입니다. 반면 들소에게 그것은 분명 그다지 재미있는 일이 못 될 것입니다.

벌들(관대한 사람들, 좌파)에게 그것은 중요한 승리이지만 결코 완벽한 승리는 아닙니다. 성가셔 하는 들소가 여전히 비틀거리며 평원을 걷고 있기 때문입니다. 위기에서 또 다른 위기로, 전쟁에서 또 다른 전쟁으로 갈지자걸음을 하지만 사태를 주도하며 보조를 정하는 것은 여전히 들소입니다. 특정한 어떤 위기가 메뉴의 주된 요리일지, 후식은 무엇으로 할지를 결정하는 것은 여전히 들소인 것입니다. 오늘날 우리는 바로 이 지점에 있습니다. 들소와 벌들은 바야흐로 전쟁에 돌입하려고 합니다. 세계의 정치 지도를 다시 그리고 역사의 과정을 바꿀 수도 있는 전쟁 말입니다. 미국이 이라크 공격 준비에 박차를 가하는 과정에서 정부의 거짓말이 폭증하고 있습니다. 선제공격 독트린이 소리 높여 거론되고, 전쟁 기구가 배치되고 있습니다. 그러나 이라크가 이른바 대량살상무기의 병기고라는 증거는 어디에서도 찾을 수가 없습니다.

전쟁의 다음 단계, 그러니까 미국의 이라크 점령이 시작되기 전인데도(전쟁 그 자체가 13년을 끌었습니다.[제1차 걸프전 이후 계속된 미국의 경제 제재 조처를 가리킨다.]) 그 벌들은 분주히 움직이고 있습니다. 전쟁에 반대하는 동원의 범위와 규모, 속도와 강도는 역사상 유례가 없는 수준입니다. 그 벌들에게 감사합시다. 2003년 2월 15일은 대중의 도덕심이 비상하게 발휘된 날입니다. 수백만 명이 전 세계 수백 개의 도시에서 가두로 진출해 이라크 침략에 항의했습니다.[5] 미국 정부와 그 동맹자들이 이 사실을 무시하기로 작정하고 계속해서 이라크 침공 및 점령 계획을 밀어붙인다면 현대 세계는 민주주의를 이해하고 받아들이는 데서 심각한 곤경에 처할 것입니다.

그러나 그와 동시에 우리가 바뀐 현실에 익숙해질지도 모릅니다. 정부들은 위기가 호전될 때까지 참고 기다리는 법을 배웠습니다. 그들은 당연히 위기가 곧 끝난다는 것을 알고 있습니다. 그들은 위기를 조장하는 언론이 절대로 한 장소에 오래 머무르지 않는다는 것을 압니다. 다음 장소의 다른 위기를 위해서 기존의 위기는 자리를 내주어야만 합니다. 사업 거래소가 현금 순환을 필요로 하는 것처럼 언론도 위기의 재편성을 요구합니다. 모든 국가가 낡은 뉴스가 되어버립니다. 그것들은 존재하기를 그만둡니다. 그리고 여명이 밝아올 때까지 어둠은 깊어만 갑니다. 우리는 구소련이 철수하던 아프가니스탄에서 그 모습을 보았습니다. 우리는 지금 재방송 프로그램을 보고 있습니다.

그리고는 마침내 들소가 비틀거리며 걸어갈 때 벌들도 따라가고 있습니다.

21세기의 위기 보도는 독립적인 분야로 발전하기에 이르렀습니다. 거의 과학입니다. 돈과 기술과 조작된 대중의 병적 흥분 상태가 위기 보도와 결합해 기이한 결과를 낳고 있습니다. 위기가 딴 세상 이야기가 되어버리는 것입니다. 위기를 낳은 역사와 지리와 문화의 특정 상태는 무의미해집니다. 위기는 공중의 열기구처럼 자유롭게 부유합니다. 그리고 거기에는 국제무대에서 활약하는 전문가, 분석가, 해외 특파원, 큼직한 망원 렌즈를 구비한 분쟁 지역 전문 사진작가들이 떼를 지어 타고 있습니다.

그들은 여행을 하다가 아무 곳에서나 사전 고지도 없이 다음 위기 장소로 강하합니다. 버려져 맥 빠진 기구는 하늘에서 아무렇게나 표류합니다. 그들은 자신들의 행위가 적어도 역사를 만든다고 생각하면서 사태를 애절한 최신 뉴스로 포장합니다.

위기가 소비되면서 닳고 닳아버리는 것보다 더 슬픈 일도 없습니다. (그런 사례를 확인하려면 2002년 아프가니스탄의 카불과 인도의 구자라트 주를 보십시오.)

위기 보도는 우리에게 이중의 유산을 남겨주었습니다. 정부들이 위기관리의 기예(위기가 지나가기를 기다리는 기술)를 갈고 닦는 동안 저항 운동 진영은 계속해서 위기를 만들어내야 한다는 일종의 혼란스런 함정에 빠지고 있습니다. 그들은 위기를 촉진하고, 구경꾼들이 마음 편히 쉽게 소비할 수 있는 형태로 위기를 만들어내는 방법을 찾는 지경에 이르렀습니다. 우리는 위기가 소비 품목으로, 구경거리이자 연극으로 바뀐 시대로 들어섰습니다. 사태가 새롭지는 않지만 진화하고 있고, 형태 변화하고 있고, 새로운 요소들이 추가되고 있다는 것은 확실히 사실입니다. 비행기를 건물에 충돌시킨 행위는 가장 현대적이면서도 가장 극단적인 형태일 것입니다.

스펙터클로서의 위기가 오랜 전통을 가진 진정한 시민 불복종의 원리와 단절하고, 점차로 실질적이기보다는 상징적인 저항의 도구로 변해가고 있다는 점이 오늘날의 고민입니다. 스펙터클로서의 위기는 다른 영역으로 확산되기까지 하고 있습니다. 바로 지금 스펙터클로서의 위기가 저항 운동과 정당의 캠페인을 구분해 주던 차이를 지워버리고 있습니다. 결국 바브리 마스지드[2])의 파괴로 이어진 L.K. 아드바니[3])의 라트 야트라[4])와, 아요디아 시에 람 사원을 건설하자는 '카르 세바 *kar seva*' 캠페인을 생각해 볼 수 있을 것입니다. 카르 세바 캠페인은 선거철만 되면 상

---

2) 마스지드 Babri Masjid: 1992년 12월 6일 힌두 근본주의자 폭도들이 아요디아 Ayodhya 시로 몰려와 고래의 회교 모스크(성원) mosque 바브리 마스지드를 파괴했다. 이 사건으로 힌두교도의 "자부심을 회복하자"는 전국적 캠페인이 절정을 이루었다. 바브리 마스지드를 없애고 대규모 힌두 사원, 람 만디르 Ram Mandir를 세우려는 계획이 진행 중이다.
3) 아드바니 L.K. Advani: 전직 인도 부수상으로 우익 힌두 근본주의 단체들과 밀접한 관계를 유지하고 있으며, 1990년에 라트 야트라 Rath Yatra를 이끌었다.
4) 라트 야트라 Rath Yatra: '자동차 대장정 Chariots' Journey'이라는 뜻. 1990년 L.K. 아드바니가 아요디아에 람 만디르 Ram Mandir를 건설하자는 '힌두교도의 공감대를 결집하기' 위해 버스를 무개 꽃마차로 개조하여 시작한 장거리 순회 집회 여행. 이 과정에서 인도 북부 여러 지역에서 광범위한 폭력이 발생했다.

파리바르5)에 의해 절정으로 치닫곤 합니다.[6]

저항 운동과 정당의 선거 캠페인이 모두 스펙터클을 좇고 있습니다. 물론 그들이 추구하는 스펙터클의 종류가 무척 다르기는 하지만 말입니다.

상징적 정치 행위가 실제로 법을 위반하는 행동으로 변화할 때 정당의 캠페인과 민중 저항 운동의 행동을 명확하게 구별해 주는 것은 흔히 국가의 반응입니다. 예를 들어보겠습니다. 경찰은 바브리 마스지드를 파괴한 광분한 폭도들에게 발포하지 않았습니다. 1984년 델리에서 의회당이 시크 교도를 상대로 자행한 집단 학살에 참여한 사람들에게도, 1993년 뭄바이에서 무슬림을 도륙한 쉬브 세나6)에게도, 2002년 구자라트 주에서 무슬림을 조직적으로 학살한 바지랑 달7)에게도 경찰은 발포하지 않았습니다.[7] 경찰과 법정과 정부는 이들 폭력 행위에 가담한 어느 누구에게도 엄정한 조처를 취하지 않았습니다.

그런데 그 경찰이 최근에 여성과 어린이가 포함된 비무장 시위대에게 반복적으로 발포를 하고 있습니다. 총을 맞고 쓰러진 시민은 정부의 '개발 프로젝트'로 인해 생명과 생존권을 빼앗기고 항의하던 사람들입니다.[8]

---

5) 상 파리바르Sangh Parivar: 인도에서 긴밀히 연계하고 있는 우익 힌두 근본주의 조직들의 집단을 언급하기 위해 사용하는 용어. 여기에는 바지랑 달, BJP, RSS, VHP가 있다. 원래의 뜻은, '가족 집단'을 의미한다.
6) 쉬브 세나 Shiv Sena: 마하라슈트라 주의 우익 힌두 쇼비니스트 정당을 말한다.
7) 바지랑 달Bajrang Dal: 힌두교 신 하누만Hanuman을 좇아 명명된 전투적 근본주의 단체. 1992년 아요디아의 바브리 마스지드를 파괴할 때 바라티야 자나타 당Bharatiya Janata Party(우익 힌두교 정당), 바지랑 달, 비슈와 힌두 파리샤드Vishwa Hindu Parishad; VHP(세계힌두교협회 World Hindu Council)가 연합했다.

이런 식으로 위기가 보도되는 시대에 여러분 스스로 위기를 감지할 수 없다면 그건 뉴스 속에 있는 게 아닙니다. 그리고 뉴스 속에 있지 않은 여러분은 존재하지 않는 것과 같습니다. 미디어가 주조해 낸 가상의 세계가 실재 세계보다 더 실재 같은 현실로 펼쳐지고 있습니다.

모든 존엄한 민중 운동이, 모든 '쟁점'이 독자적인 기구를 하늘에 띄우고 각자의 목적과 대의를 선전해야만 합니다. 심각한 영양실조 사례보다 아사자 숫자가 가뭄과 왜곡된 식량 배급을 더 효과적으로 알리는 광고가 되는 것은 비로 이런 이유 때문입니다. 그래야 사람들이 모른 체할 수 없습니다. 저수지의 차오르는 물속에서 몇 날 며칠이고 계속해서 버티면서 집과 소유물이 떠내려가는 것을 지켜보던 대형 댐 건설 항의 투쟁은 한때 효과적인 전략이었습니다. 그러나 더 이상은 아닙니다. 댐 건설에 저항하던 사람들은 새로운 책략을 생각해 내거나 투쟁을 포기하도록 요구받고 있습니다. 사르다르사로바르 댐과 관련해 인도 대법원이 내린 결정은 지독한 절망감을 안겨주었습니다. 나르마다 바차오 안돌란[8]의 고참 활동가들은 다시 한번 잘 사마르판 *jal samarpan*을 이야기하기 시작했습니다. 스스로의 몸을 차오르는 물속에 담그자는 것이지요.[9] 그들은 자신들의 의사를 진정으로 제기하지 않았고, 그래서 웃음거리가 되었습니다.

피를 보는 스포츠로서의 위기를 살펴봅시다.

---

[8] 나르마다 바차오 안돌란 Narmada Bachao Andolan; NBA: 나르마다 강 보호 운동을 이른다.

인도 정부와 언론은, 상징적 스펙터클로서의 저항은 자신들이 인자하게 참아줄 수 있음을 보여주었습니다. (실제로 이런 관용은 인도가 세계 최대의 민주 정체 국가라는 평판을 유지하는 데에도 도움이 됩니다.) 그러나 시민의 저항이 (단식 농성, 시위, 단식 투쟁 등의) 상징적 행위에서 진정한 시민 불복종 행동——마을 봉쇄, 삼림 점유——으로 조금이라도 변할라치면 국가는 잔인하게 이를 짓밟았습니다.

2001년 4월 마디아프라데시 주의 멘디케다[9]에서 아디바시 무크티 상가탄[10]이 조직한 평화 집회에 경찰이 발포를 했습니다. 2001년 2월 2일 경찰은, 코엘카로 댐 건설 반대 행동의 일부였던 자르칸드 주의 문다 아디바시 평화 집회에 발포해, 8명이 죽고 12명이 부상당했습니다. 2000년 4월 7일에는 구자라트 주 경찰이 키나라 바차오 상가르시 사미티 [Kinara Bachao Sangharsh Samiti, 해안 보호 행동 위원회]가 나텔코와 우노칼 컨소시엄의 사영 항구 건설의 타당성 여부 조사 활동에 반대해 조직한 평화 시위를 공격했습니다.[10] 주요 활동가 중의 한 명이었던 프라탑 사베 중령은 맞아 죽었습니다.[11] 오리사 주에서는 아디바시 세 명이 2000년 12월에 보크사이트 광산 개발 계획에 항의하다가 살해당했습니다.[12] 칠리카에서 경찰은 조업권 회복을 요구하는 어민들에게 발포했습니다. 네

---

9) 멘디케다 Mehndi Kheda: 마디아프라데시 주의 촌락. 아디바시와 경찰의 충돌이 발생한 곳이다.
10) 아디바시 무크티 상가탄 Adivasi Mukti Sangathan: 마디아프라데시 주의 활동 단체로, 아디바시 해방 조직 Adivashi Liberation Group을 의미한다. 여기서 아디바시 Adivasi란 인도 아대륙의 원주민. 문자 그대로는 '부족,' '종족'을 뜻한다.

명이 죽었습니다.[13]

　탄압의 사례는 끝도 없이 이어집니다. 잠부드윕, 카시푸르, 마이칸지. 가장 최근의 예로는 케랄라 주 위아나드의 무탕가[11] 사건을 들 수 있습니다. 2003년 2월에 여성과 어린이가 포함된 4000명의 아디바시 유민들이 야생 생물 보호구역의 일부를 점거하고 전 해에 정부가 주기로 약속한 땅을 내놓으라고 요구했습니다. 약속 시한이 지났지만 정부가 약속을 지킬 의사가 있는지는 전혀 감지되지 않았습니다. 긴장이 고조되었습니다. 케랄주 주 경찰은 시위대를 에워싸고 발포했습니다. 한 명이 죽고, 많은 사람이 심각한 부상을 당했습니다.[14]

　흥미로운 점은, 사태가 빈민, 유독 달릿[12]과 아디바시 공동체에 닥쳤을 때, 그들이 삼림 지대(무탕가)를 침입했다는 이유로 살해당한다는 것입니다. 물론 그들이 댐과 광산 개발과 철강 공장(코엘카로, 나가르나르)으로부터 삼림 지대를 보호하려 애쓸 때도 마찬가지입니다.[15]

　거의 모든 경찰 발포 사례에서 국가의 전략은 발포가 저항자들의 폭력 행위로 인해 유발되었다고 주장하는 것입니다. 총에 맞은 사람들은 곧바로 전투 요원 PWG, MCC, ISI, LTTE으로 둔갑합니다.[16] 인민전쟁그룹[13], 마오주의자 공동활동 위원회[14], 파키스탄 정보 기구 ISI, 타밀 엘람

---

11) 무탕가 Muthanga: 케랄라 주의 야생 생물 보호구역. 아디바시와 경찰의 충돌이 발생한 곳이다.
12) 달릿 Dalit: 피억압자들. 문자 그대로는 '억눌린 채 괴로움을 당하는 사람들'이라는 의미. 과거에 '불가촉천민 untouchable'이라고 불렀던 사람들을 완화해 부르는 용어이다.
13) 인민전쟁그룹 Peoples' War Group; PWG: 인도의 곳곳에서 활동 중인 극좌 무장 단체.
14) 마오주의자 공동활동 위원회 Maoist Coordination Committee; MCC: 인도의 여러 주에서

해방 호랑이[15]). 무탕가에서 경찰과 정부는 아디바시들이 무장 반란을 일으켰고, 대항 정부 수립을 기도했다고 주장했습니다. 케랄라 주의회 의장은 그들을 "진압하거나 죽였"어야 했다고 말했습니다.[17]

발포 현장에서 경찰은 '전시할 무기'를 수거했습니다. 돌, 낫과 도끼, 활과 화살, 부엌칼 몇 개가 그것들입니다. 봉기에 사용된 주요 무기 가운데 하나는 벌이 들어 있는 비닐봉지였습니다.[18] (케랄라 주 경찰에 맞서 자신과 가족을 보호하기 위해 숲에서 벌을 잡은 젊은이를 한 번 생각해 보십시오. 정말 귀염성 있는 대항 아닙니까!)

국가의 논법에 따르면 희생자들이 희생자이기를 거부할 때 그들은 곧 테러리스트가 되고 그렇게 취급받습니다. 그들은 테러방지특별법하에서 살해되거나 체포됩니다. 광물 자원이 풍부하고 그래서 이를 노리는 무자비한 기업들에 쉽게 굴복하고 만 오리사, 비하르, 자르칸드 주들에서는 광부를 포함해서 수백 명의 촌락민이 이 특별법에 의해 체포되고 재판도 없이 구금되고 있습니다. 일부 주들은 '개발 저지' 활동을 다스릴 특수 경찰 부대를 보유하고 있습니다. 이런 현실은, 특히 잠무, 카슈미르, 구자라트 같은 주들에서 무슬림을 위협하는 데 특별법이 적용되는 다른 방식과는 완전히 동떨어져 있습니다. 진정한 비폭력의 시민 불복종 공간이 위축되고 있습니다. 기업이 주도하는 세계화 시대에 가난은 범죄이고, 더 가난해지는 것에 항의하는 것은 테러입니다. 테러와의 전쟁의 시대에

활동 중인 극좌 무장 단체.
15) 타밀 엘람 해방 호랑이Liberation Tigers of Tamil Eelam; LTTE: 스리랑카의 타밀족 분리주의 게릴라 단체.

가난은 암암리에 테러와 융합되고 있습니다.

인권과 헌법상의 권리 침해에 항의하는 사람을 전부 테러리스트라고 부른다면 자기만족적 비난으로 끝나고 말 것입니다. 비폭력 불복종의 모든 수단이 차단당한 가운데 극단주의자, 모반자, 전투원들이 산 속에 들끓는 현실에 우리가 놀라야 할까요? 농촌의 상당 지역, 곧 카슈미르, 동북 지방, 마디아프라데시 주의 상당 지역, 차티스가르, 자르칸드가 이미 어느 정도는 인도 정부의 통제를 벗어나 버렸습니다.

저항 운동 세력과 그들을 지지하는 우리가 시민 불복종의 공간을 되찾는 일은 매우 시급합니다. 우리가 이 과제를 수행하기 위해서는, 극적 효과에 대한 언론의 끝없는 탐욕이 빚는 조작과 타락, 그리고 왜곡으로부터 자유로워야 합니다. 그렇지 않으면 우리의 에너지와 상상력은 고갈되고 맙니다.

전투가 벌어지고 있다는 증거는 많습니다. 2003년 2월 27일 니마드말와 키산 마즈도르 상가탄[16]은 전력 산업 사유화에 항의하며 대규모 집회를 열었습니다. 그들은 농민과 농업 노동자들이 자신들의 전기료를 내지 않겠다고 선언했습니다.[19] 마디아프라데시 주 정부는 아직 반응을 보이지 않고 있습니다. 사태가 흥미진진하게 펼쳐질 것으로 보입니다.

우리는 진정한 쟁점을 뉴스로 강제해 낼 수 있는 방법을 찾아야만 합니다. 예를 들어, 나르마다 강 유역의 진정한 쟁점은 사람들이 물속에

---

16) 니마드말와 키산 마즈도르 상가탄Nimad Malwa Kisan Mazdoor Sangathan: 수자원, 전력, 천연자원 사유화에 맞서 싸우는 마디아프라데시 주의 활동가 단체들의 연합. '니마드말와 농민·노동자 조직'이라는 뜻.

들어갈지 말지가 아닙니다. NBA[나르마다 바차오 안돌란: 나르마다 강 보호 운동]의 전략과 성공과 실패도 쟁점이지만 그것들은 대형 댐 문제와는 별개의 논점입니다.

진정한 쟁점은 필수 기간 시설의 사유화가 본질적으로 비민주적이라는 것입니다. 진정한 쟁점은 엄청나게 많은 대중이 대형 댐 건설에 명백히 반대하고 있다는 점입니다. 진정한 쟁점은 인도에서만 지난 50년 동안 대형 댐으로 3300만 명 이상이 강제 이주를 당했다는 사실입니다.[20] 진정한 쟁점은 대형 댐이 쓸모가 없다는 사실입니다. 대형 댐들은 생태적으로 볼 때 해악적이고, 경제적으로 볼 때 비실용적이고, 정치적으로 볼 때 비민주적입니다. 진정한 쟁점은 인도 대법원이 사르다르사로바르 댐의 건설 재개를 명령했다는 사실입니다. 그 명령이 인도 시민의 기본적인 생명과 생존의 권리를 침해한다는 걸 알면서도 말입니다.[21]

불행하게도 언론은, 무지에다 음모를 더해, 전체 논의를 발전에 찬성하는 자들과 반대하는 자들 사이의 싸움으로 날조해 버렸습니다. NBA가 전기에 반대하고, 관개灌漑에 반대한다고 넌지시 암시한 것입니다. 그리고 물론 구자라트 주에도 반대한답니다. 이것은 완전히 허튼소리입니다. NBA는 대형 댐이 쓸모없어졌다고 생각합니다. 대형 댐들은 이주민들에게만 나쁜 게 아니라 구자라트 주에도 나쁩니다. 짓는 데 비용이 너무 많이 들어갑니다. 물도 예상한 대로 흐르지 않을 겁니다. 결국 "이익을 누리"게 될 것이라던 지역은 값비싼 대가를 치르고 말 것입니다. 인도가 사랑하는 댐인 바크라낭갈 강 댐이 아우르는 지역에서 벌어지고 있는 사태처럼 말입니다.[22] NBA는 더 지방적이고, 더 민주적이며, 생태적으로 지속가능하고, 경제적으로도 실용적인 전기 생산과 수자원 관리 체계가 가능하다고 믿습니다. NBA는 더 많은 근대성을, 더 많은 민주주의를 요구하고 있는 것입니다.

대법원이 인도에서 가장 눈부신 저항 운동에 소위 '결정적인 타격'을 가하자 독수리들이 돌아와 사냥감 주위를 선회하고 있습니다. 세계은행의 새 보고서 『수자원 부문 전략』이, 세계은행이 대형 댐 건설에 자금을 제공하는 정책으로 돌아설 것임을 명백히 했던 것입니다.[23] 한편으로 지엄하신 대법원의 명령을 받은 정부는 인도의 강들을 운하로 연결하겠다는 고대로부터의 무모한 스탈린주의적 계획을 들고 나왔습니다. 그 명령은 실질적인 정보나 조사에 기초해 내려진 게 아닙니다. 나이 먹은 판사 한 명이 즉흥적으로 결정한 것입니다.[24] 운하 건설 계획으로 대형 댐들이 문명과 진보로 비치게 되었습니다. 운하 건설 프로젝트가 발전 논쟁과 맺게 될 관계는 아요디아의 람 사원이 자민족 중심주의 논쟁과 맺었던 관계와 동일합니다. 선거 때마다 대대적으로 써먹을 수 있는 홍보 수법인 것입니다. 운하 건설 계획은, 결코 실현되지는 않는다고 하더라도 해악으로 가득합니다. 더 지방적이고, 더 효과적이고, 더 민주적인 다른 모든 관개 방안들이 차단되고 말 것입니다. 엄청난 액수의 공적 자금이 투입되고 말 것입니다.

인도의 강들을 운하로 연결하겠다는 계획은 사회적 격변과 생태적 참화를 대규모로 야기할 것입니다. 현대의 어떤 생태학자라도 이 계획을 듣는다면 웃음을 터뜨리고 말 것입니다. 그러나 『인디아 투데이』, 『인디안 익스프레스』 같은 주요 신문과 잡지들은 터무니없는 정보로 가득한 찬사 조의 기사를 싣고 있습니다.

위기 보도의 무한 횡포로 돌아가 봅시다. 관계를 끊는 한 가지 방법은 전 세계 대다수의 사람이 평화가 곧 전쟁이라는 점을 이해하는 것입니다. 굶주림, 갈증, 존엄성 파괴에 맞서는 전투가 나날이 벌어지고 있습니다. 전쟁은 금이 간 평화, 소문만 무성한 평화의 최종 결과이기 십상입니다. 따라서 흔히 '평화'라고 여겨지는 상태의 결함, 그 상태의 체계적 결점을 자세히 살펴보아야 할 것입니다. 우리는——적어도 우리 가운데 일부는——전쟁 특파원이 아니라 평화 특파원이 되어야 합니다. 우리는 현세의 공포에서 벗어나야만 합니다. 우리는 우리의 수완과 상상력, 우리의 기예를 총동원해 끝없이 전개되는 일상의 위기가 만들어내는 리듬을 재창조해야만 합니다. 그 속에서 평범한 것들——음식, 물, 주택, 존엄성——을 보통 사람들의 먼 꿈으로 만들어버리는 정치 과정을 폭로해야 합니다.

국가 기구를 이해시키고 폭로하기 위해 우리의 모든 재주를 동원하는 것이 가장 중요합니다. 예를 들어, 현재 인도에서는 감시를 가장 덜 받고 책임도 지지 않는 기구가 모든 중요한 정치적·문화적·행정적 결정을 내립니다. 인도 대법원은 전 세계에서 가장 막강한 법정 중의 하나입니다. 그 기구는 댐을 건설할지 말지, 빈민가를 없앨지 말지, 도시 지역에서 산업을 폐쇄할지 말지를 결정합니다. 그 기구는 사유화 및 투자 회수와 같은 쟁점들을 놓고 결정을 내립니다. 교과서 내용도 심판합니다. 그 기구는 우리의 삶을 세세한 부분까지 관리합니다. 그 기구의 명령은 수백만 대중의 삶에 영향을 미칩니다. 여러분이 대법원의 결정들——전부, 일부, 전혀——에 동의하든 안 하든 하여간 제도로서의 대법원은 책임을 져야 합니다. 민주 사회에서 여러분은 엘리트에 의한 통치가 아니라 견제와 균형의 권리를 가집니다. 그러나 법정 모독을 처벌하는 법 때문에 우리는 대법원을 비판할 수도 없고 해명을 요구할 수도 없습니다. 민주 사회에서 어떻게 이런 비민주적인 기구가 있을 수 있습니까? 부지불식간에 그 기구는, 권위가 쌓이고 최고 권력이 부가되는 플로어 트랩[floor trap, 바닥에 설치되는 방취 배수구]이 되고 말 것입니다. 그리고 정확히 그런 일이 일어났습니다. 우리는 사법 독재 속에 살고 있습니다. 그런데 우리는 그 사실을 깨닫지도 못하고 있는 것 같습니다.

민주주의를 실질적인 과정으로 만드는 유일한 방법은 시민과 국가가 끊임없이 질문하고, 계속해서 다른 의견을 표명하고, 지속적으로 공공 토론을 벌이는 것입니다. 그 토론은 정당 간의 대화와는 아주 다릅니다. (경쟁하는 정당들의 견해를 대변하는 것을 언론은 '균형 잡힌' 보도라고 생각합니다.) 우리가 누리는 자유의 경계를 순찰하는 것이야말로 자유를 지켜낼 수 있는 유일한 방법입니다. 오늘날 전 세계적으로 자유를 보호한다는 미명하에 자유가 억제되고 있습니다. 일단 시민 사회가 자유를 넘겨주고 나면 투쟁 없이는 되찾을 수가 없습니다. 자유를 회복하는 것보다 자유를 포기하는 것이 훨씬 더 쉽습니다.

우리의 자유가 비록 변변치 못하다고 할지라도 정부가 결코 하사한

게 아니라는 점을 깨닫는 게 중요합니다. 자유를 얻어낸 것은 우리의 투쟁이었다는 사실을 기억하는 게 중요합니다. 우리가 자유를 사용하지 않는다면, 우리가 때때로 자유를 시험해 보지 않는다면 자유는 위축되고 맙니다. 우리가 끊임없이 자유를 수호하지 않는다면 우리는 자유를 빼앗기고 말 것입니다. 우리가 더욱더 많은 것을 요구하지 않는다면 우리에게는 초라하고 빈약한 것만 남게 될 것입니다.

이런 점들을 이해하고 자유를 방편으로 삼아 우리가 '국가의 정상 상태'라고 여기는 바를 끊임없이 질문하는 것이야말로 위기 보도의 전횡을 막는 방법입니다.

마지막으로 말씀드릴 것은 위기 보도가 일종의 성가신 부수적 피해를 야기한다는 점입니다. 위기 보도는 역사를 뒤집어서 까발립니다. 위기 보도는 이야기를 싸움터 한가운데로 끌고 갑니다. 그래서 우리는 위기에 관한 소식을 듣는 것으로 시작해, (운이 좋다면) 위기를 낳은 사건들에 관한 설명을 듣기도 합니다. 예를 들어보겠습니다. 우리는 세계무역센터의 파편을 통해 아프가니스탄의 역사를, 사막의 폭풍 작전을 통해 이라크의 역사를 접했습니다. 경찰이 야생 생물 보호구역을 무단 침입한 자들에게 발포했다는 뉴스를 통해 우리는 케랄라 주의 아디바시들이 정의를 회복하기 위한 투쟁에 나섰다는 것을 알았습니다. 그러므로 우리는 위기 보도를 통해, 현실의 단일 쟁점이라고 하는 프리즘을 통해 복잡하게 전개되고 있는 역사의 과정을 판단하게 되는 것입니다.

위기는 국민을 분열시킵니다. 우리는 충분한 지식이 없는 상태에서 선택을 하도록 강요받습니다. "우리와 함께하지 않는다면 너는 테러리스트 편이다." "사유화를 지지하지 않는다면 공산주의자다." "부시 편이 아니라면 사담 후세인 편이다." "선량하지 않으면 악이다."

이것들은 그럴싸하게 위조된 선택지들입니다. 우리가 그 선택지들만을 받아들일 수 있는 게 아닙니다. 그러나 위기 상황에 처하면, 우리는 축구 경기에서 페널티킥을 막아야 하는 골키퍼로 전락하고 맙니다. 우리는 자신을 이편 아니면 저편에 편입시켜야 한다고 생각하게 됩니다. 우리에게는 사회적 조작과 본능적 직관 외에는 다른 아무것도 없습니다. 그리고 그렇게 한 번 편을 정하게 되면 의견이나 태도를 바꾸는 게 어려워집니다. 이 과정에서 당연히 동맹자가 되어야 할 사람들이 적이 되고 맙니다.

예를 들어, 케랄라 주 무탕가의 야생 생물 보호구역에 '무단 침입한' 아디바시들에게 경찰이 발포를 했을 때 환경 운동가들은 그들을 방어하지 않았습니다. 아디바시들이 감히 야생 생물 보호구역을 침입한 것에 격분했기 때문입니다. 실제에 있어 그 '보호구역'이라는 곳은 유칼리나무 재식농장이었습니다.[25] 몇 년 전에 정부는, 1958년에 설립된 비를라 그라심 레이온 공장에 공급할 유칼리나무를 심기 위해 처녀림을 개벌했습니다. 이 공장이 지역의 대나무 숲을 철저히 파괴하고, 찰리야르 강을 오염시키고, 대기 중에 독극물을 내뿜고, 무수한 사람에게 엄청난 고통을 가한다고 비판하는 자료가 엄청나게 쌓여 있습니다.[26] 이 회사는 3000명을 고용하고 있다는 명분 속에서 약 30만 명으로 추정되는 대나무 관련 노동자, 모래 채취자, 어민의 생존권을 파괴했습니다. 주 정부는 삼림과

강의 파괴와 오염을 막는 어떠한 조처도 취하지 않았습니다. 그라심 사의 경영진이나 소유자에게 경찰이 발포한 일도 없습니다. 그들이 가난이라는 범죄, 아디바시라는 범죄, 아사 직전 상태에 놓이는 범죄를 저지르지 않았기 때문입니다. 자연 자원(대나무, 유칼리나무, 펄프)이 고갈되었고 공장은 문을 닫았습니다. 노동자들도 버림을 받았습니다.[27]

위기 보도는 이런 사실들을 생략합니다. 그리고 사람들은 정보가 없는 가운데서 선택을 하도록 강요받습니다.

진정한 위기는 사전에 결정된 위기 보도 양식과는 궁합이 안 맞습니다. 강제 이주, 권력 탈취, 수천 정도가 아니라 수백만의 민주적 권리와 존엄성이 나날이 침해당하는 상황, 우발적이 아니라 고의적 범행에 의해 그들이 행동으로 내몰리는 사태가 진정한 위기의 내용이니까요.

15년 전에 부패하고 중앙집권적인 인도 정부는 이 나라의 빈민이 다가가기에는 너무나 오만하고, 너무나 비대하고, 너무나 멀리 떨어져 있었습니다. 정부가 제공하는 교육과 보건과 상수도와 전기는 요원한 것이었습니다. 하수 처리 시설마저 이용할 수 없었습니다. 대다수에게 그런 것은 너무도 근사하고 멋진 것일 뿐이었습니다. 오늘날 기업이 주도하는 세계화 프로젝트로 인해 결정을 내리는 자들과 그 결정을 감내해야만 하는 자들 사이의 간극이 더욱더 크게 벌어졌습니다. 빈민에게, 교육받지 못한 사람들에게, 추방된 자들에게, 빼앗긴 자들에게 그 거리는 도달할 수 없는 정의입니다.

그리하여 무자비한 불의가 아무도 모르는 사이에 나날이 자행되고 있습니다. 무정형의 전투가 소리 소문 없이 우리 사회에 스멀스멀 퍼지고 있습니다. 우리는 찬찬히 생각해 보는 것을 허용하지 않는 미래로 내몰리고 있습니다.

우리는 어두운 바다 속으로 천천히 침몰하는 타이타닉 호를 타고 계속 항해중입니다. 평범한 선원들은 공포에 질려 있습니다. 싸구려 승선권을 가진 자들은 내던져지기 시작했습니다. 그러나 연회장에서는 계속 음악이 흘러나옵니다. 곤경에 처해 있음을 알려주는 유일한 징후는 약간씩 뒤뚱거리는 급시들, 그들의 은쟁반을 타고 쏠리는 카나페[canapé, 얇은 빵에 캐비아와 치즈 등을 바른 전채 요리]와 케밥, 크리스털 포도주잔에서 더 심하게 흔들리는 포도주뿐입니다. 부자들은 갑판 위에 자기들을 위한 구명보트가 있다는 사실을 알고는 안심합니다. 어쩌면 그들이 정확히 알고 있다는 게 비극일 것입니다.

제국의 진실*

The Ordinary Person's Guide to Empire

메소포타미아. 바빌론. 티그리스 강과 유프라테스 강. 수 세기에 걸쳐 얼마나 많은 교실의 얼마나 많은 아이가 과거로 거슬러 올라가 이 단어들 속에서 상상의 나래를 펼쳤을까?

그런데 지금 폭탄이 투하되면서 그 고대 문명이 잿더미로 변하고 있다. 톡톡히 망신을 당하고 있는 것이다.

미사일의 강철 몸통에는 미국의 젊은 군인들이 유치한 필체로 휘갈겨 쓴 메시지가 알록달록 박혀 있다. "사담에게, 팻보이[Fat Boy, 모터사이클 제조회사 할리 데이비슨의 모델 중 하나] 무장대 보냄."[1] 건물이 쓰러진다. 시장도, 주택도 소년을 사랑하던 소녀도, 형의 구슬을 가지고 놀고만 싶었던 아이도

미국과 영국의 군대가 이라크를 불법으로 침략한 다음날인 3월 21일

---

* 이 에세이는 『가디언 The Guardian』(London) 2003년 4월 2일자에 처음 발표되었다. 국내에는 녹색평론사의 『9월이여, 오라』에 「메소포타미아, 바빌론, 티그리스와 유프라테스」라는 제목으로 소개되어 있다.

CNN의 한 '종군'특파원이 미군 병사와 인터뷰를 했다. "거기 가서 좀 놀다 오겠습니다." AJ 이병은 말했다. "9·11의 원수를 갚겠습니다."[2]

기자로서 공정해야 한다고 느꼈던지 자신이 미군을 '밀착' 수행하는 처지임에도 불구하고 그는 이라크 정부와 9·11 공격을 연관시킬 만한 실질적인 증거가 지금까지는 전혀 없지 않으냐고 넌지시 물었다. AJ 이병은 혀를 턱 끝까지 빼어 늘어뜨리는 예의 그 십대의 자세로 이렇게 말했다. "글쎄요, 그런 건 난 모릅니다."[3] 필킨스는, 28세로 제5해병연대에 소속중인 에릭 쉬럼프 상사와 인터뷰를 했다. "'우리에게는 멋질 날입니다.' 쉬럼프 상사가 말했다. '사람을 많이 죽였죠.' …… '민간인도 몇 명 보내 버렸습니다. …… 그런데 당신은 무얼 하죠?' …… 그는, 이라크 군인 옆에 서 있던 여성 한 명이 쓰러지는 것을 보았다고 회고했다. '안 됐죠.' 상사는 말을 이었다. '하지만 그 년이 진로를 막았던 겁니다.'"

『뉴욕 타임스』와 CBS 뉴스의 공동 여론조사에 따르면 미국민의 42퍼센트가 세계무역센터와 펜타곤이 공격당한 9월 11일 사건의 직접 배후로 사담 후세인이 연루되어 있다고 믿고 있다.[4] ABC 뉴스의 여론조사를 보더라도 미국민의 55퍼센트가 사담 후세인이 알 카에다를 직접 지원해 왔다고 믿는 것으로 나타났다.[5] 얼마나 많은 미군이 이 날조된 사실이 모두의 믿음이라고 생각할까.

이라크에서 교전 중인 미국과 영국의 군인들이 자신들의 정부가 사담 후세인을 정치적·재정적으로 후원했었다는 사실을 알고 있을 가능성은 거의 없다. 심지어 후세인이 최고의 악행을 저지르고 있었을 때에도 그들의 지원은 변함이 없었다.

그렇지만 가엾은 AJ와 동료 병사들이 왜 이런 골치 아픈 사실들을 알아야 하겠는가? 그건 더 이상 중요하지 않다. 그렇다. 수십만의 병력과 탱크와 선박과 헬리콥터와 폭탄과 탄약과 방독면과 고단백 전투 식량과, 전부 항공기로 공수되는 화장지와 방충제와 비타민과 병에 담긴 미네랄 생수가 수송중이다. '이라크 해방 작전'의 병참 계획은 그 자체가 하나의 우주이다. 따라서 더 이상 자신의 존재를 정당화할 필요가 없다. 이라크 해방 작전은 존재한다. 그것은 기정사실이다.

미 육해공군과 해병대 최고 사령관인 조지 부시 대통령은 단순 명쾌한 명령을 발표했다. "이라크를 해방시킬 것."[16] (아마 그는 이라크인들의 육신은 죽더라도 영혼은 해방될 것이라고 생각했을 것이다.) 미국과 영국 시민들은 이 최고 사령관 덕택에 생각하기를 그만두고 자국의 군대를 지지하고 나섰다. 그들의 조국은 전쟁 중이다.

사실 이 얼마나 대단한 전쟁인가.

유엔이라는 '선량한 관청'의 외교술을 동원해 (경제 제재를 가하고 무기 사찰을 벌여) 이라크를 굴복시키고, 주민을 굶겨 죽이고, 어린이 50만 명을 살해하고, 사회 기간 시설을 철저히 파괴하고 나서, 또 분명히 역사상 그 유례가 없을 비겁 행위를 통해 대부분의 무기 체계를 완전히 파괴하고 나서 '동맹군이자 자발적 연합군'(매수와 협박의 연합군이라고 부르는 게 더 나을 것이다.)은 침략군을 투입했다!

이라크 해방 작전이라고? 나는 그렇게 생각하지 않는다. 이 전쟁은 먼저 다리를 분질러 놓고 함께 뛰는 경주 작전이다.

지금까지 이라크 군대는 굶주리고 보급이 형편없고 낡은 총과 노후한 탱크로 겨우 무장한 가운데도 '동맹군'을 혼란에 빠뜨렸고 심지어 허를 찌르기까지 했다. 세계가 지금까지 봐온 중에서 가장 부유하고, 최고의 장비에, 가장 강력한 무장 세력과 마주한 이라크가 인상적인 용기를 발휘하며 심지어 방어 행동이라고 할 만한 저항을 수행해 낸 것이다. 부시·블레어 2인조는 즉시 기만적이고 비열한 행위라며 비난했다. (그러나 기만은 우리 같은 원주민들에게는 유서 깊은 행동 방식이다. 침략당하고, 식민지로 전락하고, 점령당하고, 모든 존엄성을 빼앗길 때 우리는 교활해지고 기회주의자가 된다.)

이라크와 '동맹군'이 전쟁 중이라는 사실을 인정한다고 해도 '동맹군'과 그들의 공범인 언론은 자신들의 목표에 역효과를 가져올 정도로 지나치게 나아가고 있다.

역사상 가장 정교한 암살 기도였던 '목 베기 작전'이 실패로 돌아갔다. 사담 후세인은 텔레비전에 출연해 이라크 국민에게 연설을 했다. 그러자 영국의 국방 장관 지오프 훈이 당당하게 맞서서 살해당할 용기도 없는 인물이라며 그를 조롱했다. 사담 후세인을 참호에서 숨는 겁쟁이라고 비난한 것이다.[07] 당시에 우리는 연합군 내부에서 온갖 추측이 난무하는 한 판의 소동을 목격했다. 정말 사담 후세인이었을까? 그의 대역은 아닐까? 혹시 면도를 하고 나타난 오사마 빈 라덴이 아니었을까? 사전에 녹화되지나 않았을까? 그게 연설이었을까? 마술을 부린 건 아닐까? 우리가 정말, 정말 바라면 그게 신데렐라 이야기처럼 호박으로 바뀌지 않을까?

바그다드에 폭탄을 수백 발 정도가 아니라 수천 발을 떨어뜨리는 과정에서 시장이 오폭 당해 민간인들이 사망하자 미군 대변인은 이라크인들이 자기 자신을 폭살한 것일지도 모른다는 얘기를 흘렸다! "그들은 구닥다리 장비도 사용합니다. …… 그 미사일들은 믿을 수가 없습니다. 그래서 쏘아 올려도 도로 떨어져 버리는 것입니다."[8]

만약 그렇다면, 이런 논평이 이라크 정권은 악의 축의 정회원 국가이자 세계 평화를 위협하는 세력이라는 비난과 어떻게 양립할 수 있단 말인가?

아랍 텔레비전 방송국 알 자지라는 민간인 사상자를 화면으로 보여주고는, '동맹군'에 대한 적개심을 조장할 목적으로 '감정적인' 선전을 수행하고 있다는 비난을 받았다. 오직 '동맹군'을 사악하게 비출 목적으로 이라크인들이 죽어간다고 보도했다는 것이다. 심지어는 프랑스 텔레비전조차 비슷한 이유로 매를 맞았다. 그러나 항공모함, 스텔스 폭격기, 사막의 하늘을 가로지르는 크루즈 미사일의 두렵고도 숨을 멎게 하는 화면들은 영미권 텔레비전에서 전쟁의 '아찔한 아름다움'으로 묘사되었다.[9]

미국의 침략군 병사들("단지 돕기 위해 여기 왔다"는 그 군대)이 체포되어 이라크 텔레비전 방송에 모습을 드러내자 조지 부시는 그것이 제네바 협정 위반이며, '이라크 정권의 사악한 본질'을 폭로하는 것이라고 주장했다.[10] 그러나 미국 텔레비전 방송국들이 미국 정부에 의해 관타나

제국의 진실 **33**

모 만에 구금중인 수백 명의 죄수를 보여주는 것은 전적으로 용인된다. 텔레비전에서 확인할 수 있었던 그들의 모습은 손을 등 뒤로 결박당한 채 무릎을 꿇은 자세였다. 시각과 청각을 완벽하게 차단하기 위해 그들의 눈과 귀에는 불투명 고글과 이어폰이 채워져 있었다.[11] 관타나모 만의 포로 처우에 대해 질문을 받은 미국 정부 관리들은 그들이 부당한 대우를 받고 있다는 사실을 인정하지 않았다. 그들은 그들이 전쟁 포로라는 사실을 부인한다! 그들은 그들을 '불법 전투원'이라고 부른다.[12] 그들의 부당한 처우가 합법적이라고 강변하는 것이다! (그렇다면 아프가니스탄의 마자르-에-샤리프에서 포로들을 집단으로 도륙한 것은 무엇인가?[13] 용서하고 잊으라고? 바그람 공군기지에서 특수 부대에 고문을 받다가 사망한 포로들은? 의사들은 그 행위를 공식적으로 살인이라고 칭했다.[14]

'동맹군'이 이라크 텔레비전 방송국을 폭격했을 때 (역시, 우발적이었겠지만, 제네바 협정 위반이다.) 미국 언론은 이를 천박하게 축하했다. 실제로 폭스텔레비전은 한동안 공격을 하라고 압력을 넣기까지 했다.[15] 그것은 아랍의 선전 공세에 대항하는 정당한 일격으로 비쳤다. 그러나 미국과 영국의 주류 텔레비전 방송사들은 자신들이 '균형 잡힌' 보도를 하고 있다고 계속해서 광고한다. 그들의 선전 공세가 거의 환각 수준에 이르렀는데도 말이다.

선전이 왜 서구 미디어의 배타적 영역이어야 하는가? 단지 그들이 선전을 더 잘하기 때문인가?

군대를 '밀착 수행하는' 서방 기자들은 영웅처럼 전쟁의 최전선에서 보도를 하는 영예를 누린다. 군대를 '밀착 수행하지' 못하는 기자들(포위된 채 폭격당하는 바그다드에서 보도를 하면서 불에 탄 아이들의 시신과 부상당한 사람들을 목격하고, 또 그 광경에 충격을 받았음이 분명한 BBC의 라게 오마르 같은 기자[16])은 보도를 시작하기 전부터 음해를 당한다. 이런 식이다. "해당 기자가 이라크 당국의 감시를 받고 있다는 점을 먼저 알려드립니다."

영국과 미국 텔레비전에서는 이라크 군인들이 점점 더 빈번하게 '민병대'라고 언급되고 있다(예를 들어, 오합지졸). BBC의 한 특파원은 소름 끼칠 정도로 당당하게 그들을 '유사 테러리스트'라고 명명했다. 이라크인들의 방어는 '저항'이고, 불행하게도 '고립된 저항'이다. 이라크 군대의 전략은 기만이다. (유엔 안보리 대의원들의 전화선을 도청한 미국 정부 ─『옵서버』가 이 사실을 폭로했다.─는 빈틈없는 실용주의자들이다.[17]) '동맹군'이 도덕적으로 유일하게 받아들일 수 있는 이라크군의 전략은 그들이 사막으로 걸어 나와 B-52의 폭격을 받거나 기관총 세례로 소탕되는 것임이 명백하다. 이게 아니라면 모두 기만이다.

지금 우리는 바스라를 포위 공격중이다. 그 도시에는 150만 명이 살고 있는데, 이 가운데 40퍼센트가 어린이다.[18] 깨끗한 물도 없고, 식량은 절대 부족 상태이다. 우리는 여전히 전설적인 시아파의 '봉기'를 고대하고 있다. 환희에 찬 군중이 도시 밖으로 쏟아져 나와 '해방'군에게 장미를 비처럼 뿌리면서 찬미의 갈채를 보내주기를 기대하고 있는 것이다. 그

군중은 어디에 있는가? 그들은 방송 프로그램 제작사들이 빡빡한 일정에 따라 움직인다는 것을 모른단 말인가? (사담 후세인 정권이 몰락하면 전 세계의 가두에서 기쁨의 춤판이 벌어지는 것도 당연한 일이다.)

'동맹군'은 바스라의 시민들에게 며칠 동안 굶주림과 갈증을 강요한 후 식량과 생수를 실은 트럭 몇 대를 시 외곽에 감질나게 투입했다. 절망에 빠진 사람들이 트럭으로 몰려들었고, 식량을 먼저 차지하려고 서로 다투었다. (우리가 듣기로는, 물이 팔리고 있다고 한다.[19] 죽어가는 경제를 살리기 위한 조치라는 점을 여러분이 십분 이해해 줘야 하리라.) 트럭 위에서는 역시 필사적인 사진 기자들이 아귀다툼을 벌이며, 식량을 놓고 다투는 필사적인 군중을 촬영하기에 바쁘다. 그 사진들은 대행사를 통해 값을 잘 쳐주는 신문과 고급 잡지들에 실릴 것이다. 메시지는 이런 것이다. 메시아가 오셔서 생선과 빵을 나눠 주시다.

2002년 7월에 이라크로 가던 54억 달러어치의 물품이 부시와 블레어 2인조에 의해 봉쇄되었다.[20] 그 소식은 정말이지 뉴스가 되질 못했다. 그러나 지금은 텔레비전 생방송의 자애로운 관심 속에서 230톤의 인도주의 지원 물자——실질적으로 필요한 양에 턱없이 모자라는 수준이다.——가 영국 선박 갈라해드경 호에 실려 도착했다.[21] 움카스르 항에 이 물자가 도착한 사건은 텔레비전 생방송으로 하루 종일 중계해 줄 만한 가치가 있었던 것이다. 속에서 구역질나려고 하는데 누구 비닐봉지 없나요?

크리스천 에이드의 비상구호 책임자 닉 거트만은 『인디펜던트 온 선데이』에 이렇게 기고했다. "폭격이 시작되기 전에 이라크가 공급받던 식량의 양을 맞추려면 갈라해드경 호가 하루에 32척씩 들어와야 한다."[22]

그러나 우리는 놀라서는 안 된다. 이것은 오래된 전술이다. 그들은 여러 해 동안 이렇게 해 왔다. 베트남 전쟁 당시 발간되었던 미『국방성 백서』에서 존 맥노튼이 한 다음과 같은 제안을 상기해 보자.

인구를 표적으로 삼는 타격은 (그 자체가) 국내외적으로 극도의 불쾌감을 수반하는 역효과를 가져올 뿐만 아니라 중국이나 소련과의 확전 위험을 증대시킬 가능성도 크다. 이와는 달리 적절하게만 사용된다면 수문이나 댐을 파괴하는 일은 그 효과가 훨씬 더 크다. 댐을 파괴했다고 해서 사람들이 죽거나 익사하지는 않는다. 그러나 벼가 얕은 물에 잠기면서, 얼마 후 식량이 공급되지 않으면 광범위한 기아 사태(어쩌면 100만 명 이상?)가 발생하게 된다. 우리는 '협상장에서' 그런 일을 또 할 수도 있다고 은근히 위협할 수 있다.[23]

세월이 흘렀어도 변한 것은 별로 없다. 단순했던 기술이 공식 정책으로까지 발전했다. 그것은 '마음과 태도를 장악하는 것'이라고 불린다.

그리하여 여기 있는 그대로의 도덕적 수학이 존재한다. 제1차 걸프전에서 이라크인 20만 명이 죽은 것으로 추산된다.[24] 경제 제재로 수십만 명이 죽었다. (사담 후세인이 적어도 그만큼은 살려냈다.) 더 많은 사람이 매일 살해된다. 1991년 전쟁에 참가했던 미군 수만 명이, 그 원인 중의 하나가 열화우라늄탄에 노출된 때문으로 추정되는 걸프전 증후군에 의해 "불구가 되었다."라고 공식 발표되었다.[25] 그러나 '동맹군'은 계속해서 열화우라늄탄을 사용하고 있다.[26]

이제 유엔이라는 흥미로운 기관에 대해서도 이야기해 보자.

이 노회한 계집의 평판이 예전만 하지 못하다는 게 드러났다. (여전히 봉급은 많이 받지만) 지위가 형편없이 추락한 것이다. 이제 그녀는 이 세계의 잡일꾼으로 전락했다. 그녀는 필리핀인 청소부이고, 인도인 하녀이고, 우편 주문으로 송달된 타이인 신부이고, 멕시코인 파출부이고, 자메이카인 가정부이다. 그녀는 다른 사람들이 싸놓은 똥을 치우도록 고용되었다. 유엔은 마음대로 이용해 먹고 농락할 수 있는 여자이다.

토니 블레어의 공손한 태도와 그 모든 알랑방귀에도 불구하고 조지 부시는 전후 이라크 처리 과정에서 유엔에 독자적인 역할을 부여할 생각이 전혀 없음을 분명히 했다. 수지맞는 '재건 사업' 계약을 누구에게 나눠줄지를 결정하는 것은 미국이다.[27] 부시는 인도주의적 지원의 문제를 '정치화' 하지 말아달라고 국제 사회에 호소했다. 2003년 3월 28일 부시가 유엔의 석유-식량 교환 프로그램의 즉각적 재개를 요구하자 유엔 안보리는 이 결의안을 만장일치로 통과시켰다.[28] 이 결의는, 미국이 주도한 경제 제재와 불법적 전쟁으로 인해 굶고 있는 이라크 국민에게 (이라크 석유 판매) 대금으로 식량을 공급해야 한다는 데 모두가 동의하고 있음을 의미한다.

이라크 '재건 사업' 계약이 세계 경제를 도약시키는 발판이 될 수도 있다는 얘기가 실업계에서 심심찮게 들려온다. 미국 기업의 이해관계가 세계 경제의 이해관계와 그렇게 자주, 그렇게 성공적으로, 또 그렇게 고의적으로 혼동된다는 사실은 우습기만 하다. 결국 미국 시민들이 전쟁 비용을 부담하고 나면 석유 기업들, 무기 제조업자들, 군수품 거래상들, '재건 사업'에 참여한 기업들만 전쟁에서 직접적인 이득을 챙길 것이다. 그들 가운데 다수가 부시, 체니, 럼스펠드, 라이스 사단의 오랜 친구들이거나 옛 고용주들이다. 부시는 이미 의회에 750억 달러를 요청했다.[29] '재건 사업' 계약은 이미 협상에 들어갔다. 이런 소식은 크게 보도되지 않는다. 미국 기업 언론의 상당수가 이해관계를 공유하는 동업자들에 의해 소유 운영되고 있기 때문이다.

토니 블레어는, 이라크 해방 작전이 이라크의 석유를 이라크 국민에게 돌려주기 위한 것이라고 말한다. 그러니까 이라크의 석유를 다국적 석유 기업, 곧 쉘이나 셰브런이나 핼리버튼을 통해 이라크 국민에게 돌려주겠다는 것이다. 어쩌면 우리가 여기서 전체적인 구상을 놓치고 있는 것인지도 모른다. 혹시 핼리버튼이 실제로는 이라크 기업이 아닐까? (핼리버튼의 사장을 역임하기도 한) 부통령 딕 체니가 사실은 이라크인일지도 모른다.

유럽과 미국의 균열이 깊어지면서 세계가 경제적 보이콧의 새로운 시대로 진입할 수도 있다는 징후가 드러났다. CNN은, 미국 사람들이 "우리는 네놈들의 역겨운 포도주가 필요 없어."라고 외치며 프랑스산 포도주를 하수구에 버리는 장면을 보도했다.[30] 우리는 감자튀김 요리인

프렌치프라이가 개명되었다는 얘기를 들었다. 이제는 프리덤프라이 freedom fry라고 부르기로 했다고 한다.[31] 미국인들이 독일 제품을 불매하기 시작했다는 소식도 들려온다.[32] 전쟁의 여파가 이런 식으로 전개되면 가장 큰 고통을 받는 것은 미국이라는 게 문제다. 국경 수비대와 핵무기로 미국 본토를 방어할 수 있을지는 모른다. 그러나 미국 경제는 전 세계에 촉수를 뻗치고 있다. 미국 경제의 전초 기지는 노출되어 있고, 사방에서 쉽게 공격할 수 있다. 이미 인터넷에는, 불매 운동을 벌이자며 미국 및 영국산 제품과 기업들의 상세한 목록이 올라와 있다. 전 세계의 활동가들이 이 목록을 정선하여 다듬고 있다. 이 목록은, 무정형이지만 전 세계적으로 들끓고 있는 분노를 분출시키고 이끄는 실제적인 지도 지침이 될 수도 있다. 갑자기 기업이 주도하는 세계화 프로젝트의 '불가피성'이 피할 수도 있는 것으로 보이기 시작한다.

테러와의 전쟁이 실제로는 테러와 무관하고, 이라크 전쟁도 석유 때문만은 아니라는 게 명백해진다. 그것은 한 초강대국의 패권, 완전한 지배, 세계적 헤게모니를 향한 자기 파괴적 충동이다. 아르헨티나와 이라크 민중 모두가 동일한 과정에 의해 살육되었다는 주장이 제기되고 있다. 사용된 무기가 다를 뿐이다. 아르헨티나에서는 국제통화기금의 수표장이었고, 이라크에서는 크루즈 미사일이었다.

마지막으로, 사담 후세인의 대량살상무기 문제가 남았다.(아이쿠, 한참을 잊고 있었네!)

전쟁의 혼란 속에서도 이 한 가지는 분명하다. 사담 후세인 정권이 정말로 대량살상무기를 보유하고 있다면 극단적인 도발에도 불구하고 이 정권이 놀라울 정도로 자제력과 책임감을 발휘하고 있다는 사실 말이다. 미국이 (예를 들어, 이라크 군대가 뉴욕을 폭격하고 워싱턴 DC를 포위 공격하는) 유사한 상황에 놓인다면 우리가 부시 정권에서 동일한 자제력과 책임감을 기대할 수 있을까? 그들이 수천 발의 핵탄두를 고이 모셔두고 있을까? 화학 및 생물 무기는 어떤가? 탄저균, 천연두, 신경가스 재고는?

용서하시라. 잠깐 웃어야겠다.

전쟁의 포연 속에서 우리는 깊이 생각해 보지 않을 수가 없다. 사담 후세인이 극단적으로 책임감이 강한 독재자인지, 아니면 그가 도무지 대량살상무기라는 걸 전혀 갖고 있지 않은 것인지 말이다. 어느 쪽이든, 그리고 향후에 사태가 어떻게 전개되든 이라크가 미국 정부보다 더 온유하다는 데에는 이론의 여지가 없다.

여기에 이라크가 있다. 불량 국가이며, 세계 평화에 심대한 위협이고, 악의 축의 정식 회원국인 이라크 말이다. 여기에 이라크가 있다. 침략당하고, 폭격당하고, 포위당하고, 위협당하고, 주권을 빼앗기고, 아동들이 암으로 죽고, 국민이 노상에서 폭살당하는 이라크가 있다. 그리고 우리 모두는 여기서 밤늦도록 CNN에서 BBC로, 다시 BBC에서 CNN으로 채널을 돌리며 이 모습을 지켜보고 있다. 여기에 우리 모두가 있다. 전쟁의 참혹함을 참아내면서, 전쟁 홍보의 처절함을 참아내면서, 우리가 알고 이해하는 바의 언어가 도륙되는 것을 지켜보면서 말이다. 이제 자유는 대량 살육을 의미하게 되었다.(미국에서는 튀긴 감자요리일 것이다.) 누군가가 '인도주의적 지원'을 말하면 우리는 자연스럽게 의도적으로 유발된 기아 상황을 떠올린다. '밀착 수행' 종군 기자란 말이 대단한 발견이라는 것을 나 자신 인정하지 않을 수가 없다. 정말 근사하게 들린다. '전술의 병기고'라는 말은 또 어떤가? 정말 대단하!

세계 대부분의 지역에서 이라크 침공은 인종주의 전쟁으로 비치고 있다. 인종 차별 정권이 자행하는 인종주의 전쟁의 진정한 위험은, 그것이 가담자들 모두의 내면에, 다시 말해 가해자, 희생자, 구경꾼 모두의 심리에 인종주의를 잉태시킨다는 데에 있다. 인종주의 전쟁으로 인해 논쟁의 한계가 설정되어 버리고, 특정한 사고방식의 규준이 확립되어 버린다. 미국에 대한 증오의 물결이 세계의 오래된 심장부에서 솟아오르고 있다. 아프리카에서, 라틴 아메리카에서, 아시아에서, 유럽에서, 호주에서 말이다. 나는 매일 이런 현실을 목도한다. 이런 증오의 물결이 가장 있을 법하지 않은 곳에서 발생하는 경우도 있다. 은행가들, 사업가들, 여피족 학생들이 자신들의 보수적이고 반자유주의적인 정치 성향을 그 증오심과 결합하면서 등장한 것이다. 정부와 국민을 구분하지 못하는 그들의 터무니없는 어리석음이라니! 그들은 미국이 저능아들의 국가, 살인자들의 국가라고 주장한다.(동일한 무관심 속에서 '모든 무슬림은 테러리스트'가 된다.) 인종주의적 욕설과 모욕이 기괴하게 판치는 세상에서조차도 영국은 그냥 덤으로 등장한다. 그들은 궁둥이나 빼는 녀석들로 통한다.

그동안 '반미주의자'에 '반서구주의자'로 비방당해 온 내가 갑자기 미국과 영국 국민을 방어하는 이상한 처지에 놓이게 된 것 같다.

인종 차별이라는 함정에 쉽게 빠져버리는 사람들은 미국과 영국 시민 수십만 명이 자국의 핵무기에 반대해 항의해 왔다는 사실을 쉽게 기억하지 못할 것이다. 그들은 수천 명의 전쟁 반대 활동가들이 미국의 베트남 철수를 위해 노력했다는 사실을 기억해야만 한다. 그들은 미국 정부와 '미국식 삶의 방식'에 대한 가장 학구적이고, 통렬하고, 유쾌한 비판이 미국 시민으로부터 나왔다는 사실을 알아야만 한다. 영국 수상에 대한 가장 재미있으면서도 신랄한 비판은 영국 언론에서 나왔다. 마지막으로 그들은, 바로 지금 미국과 영국 시민 수십만 명이 가두로 진출해 전쟁에 항의하고 있다는 사실을 기억해야 한다. 매수와 협박의 연합군은 정부들이지 국민이 아니다. 미국 시민의 3분의 1 이상이 그 무자비한 선전 공세에도 불구하고 살아남았다. 수천 명이 자국 정부에 맞서 활기차게 싸우고 있다. 미국을 압도하고 있는 초애국주의 열풍을 고려할 때 이것은 자신의 조국에서 싸우고 있는 이라크인들만큼이나 용감한 행위이다.

'동맹군'이 사막에 머무르면서 시아파 무슬림들의 바스라 봉기를 기다리는 동안 진정한 봉기가 전 세계 수백 개 도시에서 벌어지고 있다. 이것은 지금껏 볼 수 없었던 공공의 도덕심이 가장 인상적으로 표출된 사건이다.

이 중에서도 가장 용감한 사건은 수십만의 미국인이 워싱턴, 뉴욕, 시카고, 샌프란시스코 등 미국의 주요 대도시 가두에 모습을 드러낸 일이다. 오늘날의 세계에서 미국 정부보다 더 강력한 유일한 실재는 미국의 시민 사회이다. 미국의 시민들은 막중한 책임감을 걸머지고 있다. 그 책임감을 인정할 뿐만 아니라 거기에 기초해 열정적으로 활동하는 미국 시민들에게 우리가 어떻게 경의를 표하며 지지하지 않을 수 있겠는가? 그들은 우리의 동맹군이며 우리의 친구들이다.

끝으로, 사담 후세인과 같은 독재자들, 중동, 중앙아시아의 공화국들, 아프리카와 라틴 아메리카의 다른 모든 독재자들——이 가운데 상당수를 미국 정부가 앉히고, 지원하고, 돈을 댔다.——이 자국민에게 위협이라는 사실을 말해 두어야 할 것이다. 시민 사회의 역량을 강화하는 것 말고(이라크의 경우는 시민 사회가 격파당했다.) 그들을 처리할 수 있는 쉽고도 근본적인 방법은 없다. (평화 운동을 유토피아적이라고 배척하는 사람들이 기상천외하고 황당한 전쟁 돌입의 이유를 주저 없이 대는 것을 보면 기묘하기까지 하다. 테러를 박멸하고, 민주주의를 이식하고, 파시즘을 일소하고, 가장 우습게는, "이 세상에서 악당을 제거하겠"단다.[33])

선전 기구들이 우리에게 무슨 말을 해대도 이 보잘것없는 독재자들이 세계에 가장 커다란 위협이 되지는 못한다. 실질적이고도 절박한 위험, 모든 것 가운데서 가장 큰 위험은, 현재 조지 부시가 이끌고 있는 미국 정부라는 경제적·정치적 엔진을 추동하는 동력이다. 부시 때리기는 재미있다. 그가 쉽고도 그럴싸한 표적이기 때문이다. 그가 위험하고, 거의 자멸의 길로 가는 조종사라는 것은 사실이다. 그러나 부시라는 인물 자체보다 훨씬 더 위험한 것은 그가 조종하는 기계이다.

오늘날 우리 머리 위에 드리워져 있는 암흑의 장막에도 불구하고 나는 조심스럽게 희망의 서원을 쌓고 싶다. 전시라면 누구라도 가장 취약한 장수가 휘하를 통솔하기를 바랄 것이다. 대통령 조지 부시가 바로 그런 인물이다. 평균적 지능을 가진 미국의 다른 대통령이라면 아마 똑같은 짓을 했어도 연막을 피워가면서 반대 진영을 혼란에 빠뜨렸을 것이다. 유엔을 끌어들이는 식으로 말이다. 폭동진압 부대로 세계를 다스릴 수 있다는 요령부득의 무모함과 맹목적인 믿음 속에서 조지 부시는 정반대로 행동해 왔다. 그는, 작가들, 활동가들, 학자들이 수십 년간 이룩하기 위해 분투해 온 것을 달성했다. 그는 가려져 있던 배관들을 까발려 버린 것이다. 미국이라는 묵시론적 제국 기계의 볼트와 너트, 작동 부위가 만천하에 공개된 것이다.

대중이 제국의 진실을 폭로하는 청사진을 돌려보기 시작했다. 어쩌면 우리가 예언자들의 예상보다 더 빨리 제국 기계를 마비시킬 수 있을지도 모른다.

스패너를 가져오라.

인스턴트 제국 민주주의* *Instant-Mix Imperial Democracy*

❋ 하나 사면 하나는 공짜로 드립니다

요즘은, 우리의 자유가 박탈당하는 속도에 대항하기 위해 우리 역시 질주해야만 하는 시대입니다. 각주와 참고문헌을 완벽하게 갖춘 정교하고 세련된 정치 논문을 작성하기 위해 가두에서 잠시 퇴각하는 호사를 누릴 수 있는 사람이 거의 없는 시대이기도 하죠. 상황이 이러할진대 오늘 밤 제가 여러분에게 어떤 통찰력 있는 선물을 드릴 수 있겠습니까?

우리는 위기에서 또 다른 위기로 비틀거리며 걸어가고 있습니다. 위성 텔레비전이 그 위기들의 영상 이미지를 우리의 뇌 속으로 직접 투사하고 있습니다. 우리는 우리의 발 밑 현실을 생각해 보아야 합니다. 계속 움직이면서 말입니다. 우리는 전쟁의 잔해를 통해 역사를 봅니다. 폐허가 된 도시, 타들어간 대지, 훼손된 숲, 죽어가는 강은 우리의 기록 보관소입

---

* 이 연설은 2003년 5월 13일 뉴욕 리버사이드 교회 Riverside Church에서 처음 행해졌으며, 퍼시피카 라디오 Pacifica Radio에서 생방송되었다. 래넌 재단 Lannan Foundation과 경제적·사회적 권리 센터 Center for Economic and Social Rights가 후원한 이 강연은, 문화적 자유에 기여한 공로로 그녀에게 수여된 2002년도 래넌상의 수락 연설이기도 하다. 국내에는 녹색평론사의 『9월이여, 오라』에 「인스턴트 제국 민주주의」라는 제목으로 소개되어 있다.

니다. 파쇄폭탄으로 생긴 구덩이는 우리의 도서관입니다.

오늘 밤 제가 여러분에게 무엇을 드릴 수 있을까요? 돈과 전쟁과 제국과 인종주의와 민주주의에 관해 느끼는 불편한 마음을 말해야 할까요? 악착같은 나방처럼 머릿속을 떠돌며 저를 잠 못 들게 한 걱정거리를 얘기해야 할까요?

여러분 중에는 '인도 시민'의 자격으로 공식 입국한 저와 같은 사람이 여기 와서 미국 정부를 비판하는 게 불손한 태도라고 생각하시는 분도 계실 겁니다. 저 자신에 관해 말하자면, 저는 국기를 휘둘러대는 광신적인 애국자가 아닙니다. 저는 매수, 만행, 위선이 모든 국가의 납덩이같은 영혼에 각인되어 있음을 잘 알고 있습니다. 그러나 한 국가가 단순한 국가이기를 그만두고 제국으로 변모하면 사업의 규모가 극적으로 바뀝니다. 따라서 오늘 밤 제가 미 제국의 신민의 한 사람으로서 발언하겠다는 점을 분명히 하고자 합니다. 저는 감히 왕을 비판하는 노예로서 이야기하겠습니다.

강연에는 늘 제목을 붙이기 때문에 오늘 밤의 제 강연에는 이런 이름을 붙여보겠습니다. 인스턴트 제국 민주주의—하나 사면 하나는 공짜로 드립니다.

1988년 7월 3일로 돌아가 봅시다. 그날 페르시아 만에 정박 중이던 미국 항공모함 빈센느 호가 실수로 이란의 민간 항공기를 격추해 민간인 탑승자 290명 전원이 사망했습니다.[1] 당시 대통령 선거에 뛰어든 아버지 조지 부시가 이 사건에 대해 논평해 달라는 요구를 받았습니다. 그는 아주 교활한 논법을 폈습니다. "나는 미국의 행위에 대해 결코 사과할 생각이 없다. 나는 사실에 개의치 않는다."[2]

'나는 사실에 개의치 않는다.' 정말이지 미국이라는 새로운 제국에 어울리는 완벽한 좌우명입니다! 이 명제를 약간 변형하면 더 적절할지도 모르겠습니다. 우리가 원하는 것은 무엇이든 사실이 될 수 있다.

미국이 이라크를 침공했을 때 『뉴욕 타임스』와 CBS의 공동 여론조사 결과에 따르면, 미국민의 42퍼센트가 사담 후세인이 세계무역센터와 펜타곤이 공격당한 9월 11일 사건에 직접적인 책임이 있다고 믿고 있는 것으로 나타났습니다.[3] ABC 뉴스도 미국민의 55퍼센트가 사담 후세인이 알 카에다를 직접 지원한 것으로 믿고 있다는 여론조사 결과를 보도했습니다.[4] 이런 의견은 어느 것 하나 증거에 기초한 게 아닙니다. (그도 그럴 것이 전혀 사실이 아니기 때문입니다.) 이 모든 것은 교묘한 조작, 자기 암시, 노골적인 거짓말에 기초하고 있습니다. 그리고 미국의 기업 언론이 이 짓을 하고 있습니다. 그들은 달리 '자유 언론'이라고도 불리는데, 우리 시대 미국의 민주주의가 그 공허한 기둥에 의존하고 있는 셈입니다.

이라크 전쟁에 대한 미국민의 지지는, 미국 정부가 통합 조정하고 기업 언론이 앞장서서 확대 재생산한 거짓말과 기만의 제단 위에 세워진 것입니다.

이라크와 알 카에다 사이의 연계가 날조되었다는 것 말고도 이라크 대량살상무기에 관한 흥분도 조작된 것입니다. 조지 부시는 미국이 이라크를 공격하지 않는 것은 '자살' 행위라고 말하는 지경에 이르렀습니다.[5] 우리는 굶주리고 폭격당하고 포위된 한 국가가 무적의 미국을 절멸시킬 것이라는 과대망상을 다시 한 번 목격했습니다. (이라크는 이런 국가들의 목록에서 풋내기일 뿐입니다. 더 일찍이 쿠바와 니카라과와 리비아와 그레나다와 파나마가 있었습니다.) 그러나 이번에는 여러분이 익히 알고 있는, 한때 친하게 지냈던 이웃 사이의 평범한 분쟁이 결코 아닙니다. 그것은 목적이 있는 흥분이었습니다. 그것은 낡은 정책을 새 부대에 담는 것이었습니다. 선제공격 정책이 그것입니다. '미국은, 까짓것 원하는 것은 무엇이든 할 수 있다. 그게 직무다.'

이라크 전쟁은 치러졌고, 승리를 거두었습니다. 대량살상무기는 전혀 발견되지 않았습니다. 단 하나도 말입니다. 아마 대량살상무기를 발견하겠다면 사전에 미리 숨겨두어야 할 것입니다. 더 골치 아픈 문제는 사담 후세인이 침공 과정에서 왜 그 무기를 사용하지 않았는지를 설명해야 하는 대목일 겁니다.

당연히 어떤 대답도 못 할 겁니다. 맹목적인 광신자들은 오래된 막사에서 몇 개의 통이 발견되었고 그 속에 금지된 화학 물질이 들어 있었다는 그 모호한 텔레비전 보도를 증거로 들이댈 것입니다. 그러나 그것이 진짜 화학 물질인지, 사용 금지되기는 한 것인지, 그 물질이 담겨 있던 용기를 실제로 통이라고 부를 수는 있는 것인지와 관련해서 일치된 견해가 단 하나도 존재하지 않습니다. (확인되지 않은 풍문에 따르면 소량의 과망간산칼륨과 낡은 하모니카 한 개도 거기서 발견되었다고 합니다.)

인스턴트 제국 민주주의 **49**

그 외중에서, 내친걸음에, 하나의 고대 문명이 비교적 최근에 탄생한 잔인한 한 국가에 의해 무심코 쓰러져갔습니다.

이라크에 화학 무기나 핵무기가 전혀 없어도 그게 무슨 상관이냐고 말하는 사람들이 있습니다. 알 카에다와 연계되어 있지 않아도 상관없고, 오사마 빈 라덴이 미국만큼이나 사담 후세인을 증오한다고 해도 무슨 상관이냐는 겁니다. 조지 부시는 사담 후세인이 '살인적 독재자'라고 말했습니다.[16] 따라서 추론을 계속해 보면, 이라크에는 '정권 교체'가 필요했던 것입니다.

40년 전 존 F. 케네디 대통령 시절에 미국의 CIA가 바그다드의 정권 교체를 획책했다는 사실을 꺼림칙하게 생각하지 마십시오. 1963년에 쿠데타가 성공했고, 바트당은 이라크의 권력을 장악했습니다. 집권 바트당 세력은, CIA가 제공한 명단을 바탕으로 좌파로 알려진 수백 명의 의사, 교사, 법률가, 정치인을 체계적으로 제거했습니다.[17] 지식인 사회 전체가 몰살당했습니다. (인도네시아와 동티모르에서 수십만 명을 도륙하는 데 동일한 방법이 동원되었습니다.[18] 당시 애송이였던 사담 후세인이 이 학살 과정에서 한몫 담당한 것으로 알려져 있습니다. 1979년에 바트당 내부에서 분파 투쟁이 벌어졌고, 사담 후세인은 이라크의 대통령이 되었습니다. 1980년 4월 후세인이 시아파를 학살하던 당시에 미국의 국가안보 보좌관 즈비그뉴 브레진스키는 이렇게 말했습니다. "우리는 미국과 이라크 사이의 이해관계에서 어떠한 근본적인 불일치점도 발견할 수가 없다."[19] 워싱턴과 런던은 공공연히 그리고 은밀하게 사담 후세인을 지원했습니다. 그들은 그에게 돈을 줬고, 장비를 제공했고, 무기를 줬고, 대량살상무기 제조에 쓰일 수도 있는 이중 용도의 물질을 제공했습니다.[10] 그들은 후세인의 최악의 난폭 행위들을 재정적으로, 물질적으로, 도덕적으로 후원했습니다. 그들은 이란과의 8년 전쟁을 지원했고, 1988년에는 할라브자에서 그가 쿠르드족을 독가스로 살해하는 것을 지원했습니다. 그런데 이 범죄 행위가 14년 후에 불거지면서 이라크 침공을 정당화하는 근거로 사용되었습니다.[11] 제1차 걸프전이 끝나고 '동맹군'은 바스라의 시아파 봉기를 부추겼습니다. 그러더니 사담 후세인이 반란을 진압하고 복수심에 불타 수천 명을 도륙하는 보복 행위에 나서자 이를 보고만 있었습니다.[12]

사담 후세인이, 역사상 가장 고심하여 준비된, 또한 공개적으로 천명되기까지 한 암살 기도(충격과 공포 작전의 서막)의 대상이 될 만큼 사악하다면 분명 그를 지원한 자들도 전범으로 기소되어야 하는 것 아닙니까? 카드로 제작해 실소를 자아낸 지명수배자 명단에 미국과 영국 정부 관리들은 왜 없는 겁니까?

제국한테는 사실이 문제가 안 되기 때문입니다.

좋습니다. 그 모든 것은 과거지사입니다. 사담 후세인은 지금 당장 저지해야만 하는 괴물입니다. 그리고 미국만이 그를 저지할 수 있습니다. 현재의 긴급한 도덕을 논하는 것은, 과거의 극악무도한 범죄와 미래의 사악한 계획을 은폐하는 효과적인 기술입니다. 인도네시아, 파나마, 니카라과, 이라크, 아프가니스탄, 목록은 계속됩니다. 지금도 미래에 써먹을 잔인한 독재 정권들이 성원을 받고 있습니다. 이집트, 사우디아라비아, 터키, 파키스탄, 중앙아시아의 공화국들.

최근 미국의 법무장관 존 애쉬크로프트는 미국의 자유가 "어떤 정부나 문헌으로 승인 받은 것이 아니라 …… 신으로부터 부여받은 것"이라고 선언했습니다.[13] (신께서 함께하시는데 어찌 감히 유엔 따위가 설친단 말입니까?)

그리하여 우리, 세계의 민중은 하늘이 부여한 사명으로 무장한 한 제국과 마주하고 있습니다. (덤으로, 역사상 가장 강력한 대량살상무기와도 말입니다.) 마음대로 전쟁을 벌일 수 있는 권리, 오랫동안 시도되고 검증된 절멸 정책을 통해 타락한 이데올로기·종교적 근본주의자·독재자·성 차별주의·빈곤으로부터 국민을 해방시킬 수 있는 권리를 스스로에게 부여한 제국이 우리 앞에 버티고 서 있는 것입니다. 제국은 전진하고 있습니다. 민주주의는 제국이 새롭게 부르짖는 교활한 전쟁 구호입니다. 파쇄 폭탄이 여러분의 집 앞까지 민주주의를 배달합니다. 죽음은 이 새로운 제품을 써보는 특권에 지불해야만 하는 사소한 대가입니다. 인스턴트 제국 민주주의. (가져가서 끓이고 기름을 치세요. 그러면 뻥 하고 터질 겁니다.)

아마도 되놈, 깜둥이, 베트콩, 아랍놈, 그리고 다른 새까만 떨거지들은 진짜 인간으로서는 자격 미달일 것입니다. 우리의 죽음도 진짜 죽음이 아닐 겁니다. 우리의 역사는 역사의 자격이 없습니다. 결코 그런 적이 없었습니다.

역사에 관해 말하자면, 세계인이 지켜보는 요 몇 달 사이에 미국의 이라크 침공과 점령 과정이 텔레비전으로 생중계되었습니다. 오사마 빈 라덴과 아프가니스탄의 탈레반처럼 사담 후세인 정권도 순식간에 사라져 버렸습니다. 분석가들이 '권력의 공백'이라고 부르는 상태가 뒤따랐습니다.[14] 도시는 포위 공격당했습니다. 식량과 물과 전기가 며칠씩 차단되었습니다. 무자비한 폭격이 이루어졌죠. 10년이 넘는 세월 동안 유엔의 경제 제재로 인해 굶주렸고 체계적으로 고통 받아 온 주민들이 갑작스럽게 도시 행정력이 전무한 상태로 내몰리게 된 것입니다. 7000년 된 문명이 무정부 상태에 빠지고 말았습니다. 그 모습이 텔레비전으로 생중계되었습니다.

약탈자들이 가게와 사무실과 호텔과 병원을 노략질했습니다. 미국과 영국 군인들은 옆에 서서 이 광경을 지켜보았습니다.[15] 그들은 행동 명령을 전혀 받지 못했다고 말했습니다. 사실 그들은 사람을 죽이라는 명령을 받았지 그들을 보호하라는 명령을 받지 않았습니다. 그들의 우선순위는 명확했습니다. 이라크 국민의 안전과 보호는 그들의 임무가 아니었습니다. 그나마 별로 남아 있지도 않던 이라크 기간 시설의 보호도 그들의 임무가 아니었습니다. 그러나 이라크 유전의 안전과 보호는 그들의 관심사였습니다. 당연한 일이지요. 유전은 침공이 시작되기 전부터 "보호되었습니다."[16]

CNN과 BBC에서 약탈 장면이 방영되고 또 방영되었습니다. 텔레비전 해설자들, 군대와 정부의 대변인들은 이를 두고 '해방된 주민들'이 독재 정권에 대한 분노를 표출하는 것이라고 말했습니다. 미국 국방 장관 도널드 럼스펠드의 말을 들어봅시다. "어수선하다. …… 자유는 어수선한 것이다. 사실 자유민들은 자유롭게 실수도 하고, 죄도 짓고, 나쁜 짓도 하는 것이다."[17] 도널드 럼스펠드가 무정부주의자였다는 사실을 누가 알았겠습니까? 저는 궁금합니다. 로드니 킹 구타 사건 이후 로스앤젤레스에서 발생한 폭동에 대해서도 그가 같은 견해를 취했을까요? 바로 지금 200만 명이 수감되어 있는 미국의 현실에 대해서도 그가 자유의 어수선함이라는 명제를 고수할까요?[18] (세계에서 '가장 자유로운' 나라가 1인당 투옥자 수가 세계에서 가장 많습니다.[19]) 그가, 28퍼센트가 성인기의 특정 기간을 감옥에서 보내는 아프리카계 미국인 청년들과 이 자유의 혜택을 토론하려 할까요?[20] 그가, 텍사스 주지사 시절에 152명이나 사형을 집행한 대통령 밑에서 봉직하는 이유는 무엇일까요?[21]

이라크 전쟁이 시작되기 전에 재건 및 인도주의지원처는 펜타곤에 16개의 중요한 보호 시설 목록을 보냈습니다. 국립박물관이 그 목록에서 두 번째 자리를 차지했습니다.[22] 그러나 박물관은 약탈당했을 뿐만 아니라 능욕을 당했습니다. 그곳은 고대 문화유산의 보고였습니다. 우리가 알고 있는 것처럼, 오늘날의 이라크는 메소포타미아라고 하는, 강 유역의 일부입니다. 티그리스와 유프라테스 강변을 따라 번성했던 이 고대 문명은 세계 최초의 문자, 최초의 달력, 최초의 도서관, 최초의 도시, 그리고 세계 최초의 민주주의를 창조했습니다. 바빌론의 함무라비 국왕은 시민들의 사회생활을 관할하는 법률을 최초로 성문화했습니다.[23] 이 법

전에는 버림받은 여성, 창녀, 노예, 심지어 동물도 권리를 갖는다고 적혀 있습니다. 함무라비 법전은 법치주의가 탄생했다는 점뿐만이 아니라 사회 정의의 개념이 최초로 인정되었다는 점에서도 높은 평가를 받습니다. 미국 정부가 자신의 불법적 전쟁을 수행하면서 정의를 이토록 기괴하게 무시하고 있다는 사실을 내외에 천명하는 데서 이라크보다 더 적절한 곳을 찾을 수는 없었을 것입니다.

약탈이 자행되던 그 시점에 펜타곤의 한 보도 설명회 자리에서 어둠의 왕이신 럼스펠드 국방 장관께서 전쟁 기간 내내 자신을 충실하게 보필해 온 기자들에게 새로운 화두를 던졌습니다. "여러분은 텔레비전 영상을 보고 있습니다. 그리고 반복적으로 봅니다. 사실 그건 어떤 사람이 꽃병을 들고 어떤 건물에서 나오는 반복된 화면입니다. 여러분은 그 영상을 한 스무 번씩은 봅니다. 그러다보면 이런 생각이 듭니다. '오, 저곳에 도자기가 저렇게 많았나? 저 나라에 저렇게 많은 도자기들이 어떻게 있을 수 있지?'"[24]

기자 회견장에서 폭소가 터졌습니다. 할렘의 빈민들이 메트로폴리탄 박물관을 약탈해도 괜찮을까요? 그래도 희희낙락하면서 똑같이 반길까요?

인도주의지원처가 제출한 16개 보호 시설 목록 가운데 마지막은 석유부 건물이었습니다.[25] 충분한 보호 조치를 받은 유일한 시설은 이곳뿐이었습니다.[26] 혹시 점령군이 무슬림 국가에서는 목록을 아래서부터 거꾸로 읽는다고 생각한 건 아닐까요?

텔레비전은 우리에게, 이라크가 "해방되"었고, 아프가니스탄도 여성의 천국으로 가는 도정에 올랐다고 말합니다. 21세기의 지도적 페미니스트 부시와 블레어 덕이라는 게지요. 실상은 이와 다릅니다. 이라크의 사회 기간 시설은 거의 전부 파괴되었습니다. 이라크 국민은 아사 직전 상태입니다. 식량 비축고가 바닥났습니다. 행정력이 완전히 마비되면서 이라크의 도시들은 폐허가 되었습니다. 이라크는 시아파와 수니파 사이의 내전으로 치닫고 있습니다. 아프가니스탄 역시 탈레반 집권 이전의 무정부 상태로 돌아가고 말았습니다. 아프가니스탄의 국토는 경쟁하는 군벌들의 영토로 산산조각 나 버렸습니다.[27]

조지 부시는 이 모든 사태에도 아랑곳하지 않고, 미국 대통령으로 재선되기를 희망하면서 2003년 5월 2일에 대선 유세를 시작했습니다. 전투기 한 대가 아마도 역사상 가장 짧은 거리를 날아서 해안에 바짝 정박해 있던 항공모함 에이브러햄링컨 호에 착륙했습니다. AP통신에 따르면, 행정부 관리들이 "그 육중한 함선을 해안 가까이 정박시킨 것은, 샌디에이고의 그 뻔한 해안선보다는 배경으로 광대한 바다를 보여주는 것이 부시가 연설하는 장면의 화면 구성으로 더 적절하다는 판단에 따른 것이라고 실토했다."고 합니다.[28] 군 복무라는 걸 해본 적이 없는 부시 대통령이 미군 폭격기 조종사 재킷과 전투화와 비행용 고글과 헬멧을 근사하게 차려 입고 조종석에서 나왔습니다.[29] 그는 환호하는 부대원들에게 손을 흔들었고, 공식적으로 이라크에 대한 승리를 선언했습니다. 그는, 이것이 "앞으로도 계속될 …… 테러와의 전쟁에서 한 차례의 승리"일

뿐이라고 말하는 신중함도 보여주었습니다.[30]

명시적으로 승리를 선언하는 것은 피해야 했습니다. 제네바 협정에 따르면 승리국의 군대가 점령군의 법적 의무를 이행해야 하기 때문입니다. 부시 행정부는 그런 부담을 짊어지고 싶어 하지 않습니다.[31] 2004년 대선이 다가오고 있습니다. 부동표를 잡으려면 '테러와의 전쟁'에서 또 다른 승리가 필요할지도 모릅니다. 시리아가 잡아먹기 좋을 만큼 살이 올랐군요.

나치의 선전가 헤르만 괴링이 이렇게 말했습니다. "국민을 언제나 지도자의 명령에 따르도록 만들 수 있다. …… 국민에게 자신들이 공격받고 있으며, 평화주의자들은 애국심이 없어서 국가를 위험에 빠뜨리는 자들이라고 비난하기만 하면 된다. 어떤 나라든지 이 방법이면 다 통한다."[32]

그의 말이 옳습니다. 이거야말로 식은 죽 먹기입니다. 부시 정권도 바로 이 방법에 기대고 있습니다. 선거 캠페인과 전쟁의 차이점, 민주주의와 과두 지배의 차이점이 빠르게 사라지고 있는 것 같습니다.

이 전쟁의 유일한 고려사항은 미국인이 목숨을 잃어서는 안 된다는 사실입니다. 유권자들의 믿음에 혼란이 생기기 때문이죠. 그러나 미군 병사들이 교전 중에 사망하는 문제는 어느 정도 해결되었습니다.

충격과 공포 작전을 단행하기 전에 이루어진 언론 설명회 자리에서 토미 프랭크스 장군은 이렇게 발표했습니다. "이번 전쟁은 역사상의 그 어떤 전쟁과도 다를 것이다."[33] 아마도 그의 말이 맞을 겁니다.

저는 군사 역사학자가 아닙니다. 하지만 이런 식으로 치러진 전쟁이 과거에 어디 있었겠습니까?

전쟁이 시작되자마자, 전쟁을 합법화하려던 최종 결의안의 유엔 안보리 통과를 거부했던 프랑스와 독일과 러시아 정부들이 앞 다투어 미국의 승리를 기원했습니다. 자크 시라크 대통령은 미영 공군에게 프랑스의 영공을 개방해 주었습니다.[34] 독일 내 미군 기지는 임무 수행을 위해 개방되었습니다.[35] 독일의 외무장관 요쉬카 피셔는 사담 후세인 정권이 "조만간에 붕괴하기"를 공식적으로 희망했습니다.[36] 블라디미르 푸틴도 동일한 희망을 공개적으로 피력했습니다.[37] 이들 정부는, 이라크를 공격하는 자들을 비겁하게 편들기 전에는 이라크를 강제로 무장 해제시키는 데 공모했던 자들입니다. 그들은 전리품을 나누어 갖겠다는 희망은 별도로 하더라도 자신들이 전쟁 이전에 이라크와 맺은 석유 계약을 제국이 인정해 주기를 바랐습니다. 이 과거의 제국주의자들이 달리 행동할 것으로 기대했다면 그것은 너무나도 순진한 발상입니다.

유엔에서는 전쟁 몰이 과정에서 값싼 전율도 볼 수 있었고, 고상한 도덕적 연설도 들을 수 있었습니다. 그러나 결정적 위기의 순간이 닥치자 서방 정부들은 일치단결했습니다. 자국민의 다수가 반대하는 데도 불구하고 말입니다.

터키 정부가 자국민 90퍼센트의 의견에 잠시 굴복해 영토 사용의 대가로 수십억 달러를 제공하겠다는 미 정부의 제안을 거부하자 이 나라는 '민주 국가의 자격'이 없다고 비난받았습니다.[38] 갤럽의 여론조사에 따르면, '미국과 그 동맹국들이 일방적으로' 수행하는 전쟁을 11퍼센트 넘게 지지한 유럽 국가는 단 한 나라도 없었습니다.[39] 그러나 영국, 이탈리아, 에스파냐, 헝가리, 기타 동유럽 국가들의 정부는 국민 다수의 견해를 무시한 채 불법 침공을 지지하고서 칭찬을 받았습니다. 아마도 민주주의의 원칙을 충분히 고수했다는 뜻이겠지요. 이것을 뭐라고 불러야 할까요? (영국의 새로운 노동당처럼) 새로운 민주주의?

침략이 단행되기 몇 주 전인 2003년 2월 15일에 전 세계는 각국 정부의 비열한 태도와는 대조적으로 공중의 도덕심이 인상적으로 발휘되는 장관을 지켜보았습니다. 1000만 명 이상이 다섯 개 대륙에서 전쟁에 반대해 행진한 것입니다.[40] 여러분 가운데 많은 분들이 그 시위 대열에 있었을 것이라고 저는 확신합니다. 그들은, 아니 우리는 철저하게 무시당했습니다. 반전 시위에 대해 논평해 줄 것을 요구받은 부시 대통령은 이렇게 말했습니다. "글쎄, 결정의 문제라고 봅니다. 나는 핵심 집단에 맞춰 정책을 결정합니다. 지도자의 역할은 안보에 기초해 정책을 결정하는 것이고, 이 경우는 당연히 국민의 안전입니다."[41]

민주주의라는 현대 세계의 신성한 암소가 위기에 처해 있습니다. 그리고 그 위기는 근본적인 것입니다. 온갖 종류의 불법 행위가 민주주의라는 이름으로 행해지고 있습니다. 민주주의는 내용이나 의미는 하나도 없는 예쁜 조개껍데기, 다시 말해 공허한 말장난에 지나지 않게 되었습니다. 민주주의는 여러분이 원하기만 하면 뭐든지 될 수 있습니다. 민주주의는 마음대로 입혔다가 벗길 수 있는, 온갖 취향을 만족시켜 주는, 마음대로 이용해 먹고 버릴 수 있는 자유세계의 창녀입니다.

그래도 1980년대까지는 민주주의가 어느 정도까지는 진정한 사회 정의를 실현하는 데 성공할 것처럼 보이기도 했습니다.

그러나 현대의 민주주의는 오랫동안 신자유주의 자본가들의 파괴 공작을 받아왔습니다. 그들은 민주주의 기구들, 다시 말해 '독립적인' 사법부, '자유' 언론, 의회에 잠입해 그것들을 자신들의 구미에 맞게 변형시키는 방법을 완벽하게 터득했습니다. 기업이 주도하는 세계화 프로젝트는 규범을 박살내 버렸습니다. 자유 시장이 자유선거와 자유 언론과 독립적인 사법부를 최고가를 제시하는 입찰자에게 팔리는 상품으로 바꾸어 버렸습니다. 이제 그것들은 아무것도 아닙니다.

민주주의가 얼마나 위기에 처해 있는가를 제대로 이해하려면 당대의 민주 정체 국가들에서 무슨 일이 일어나고 있는지를 살펴보는 것도 좋은 방법입니다. 세계 최대 규모의 민주주의 국가는 인도입니다. (제가 글을 통해서 이미 충분히 밝혔기 때문에 오늘 밤에는 언급하지 않겠습니다.) 세계에서 가장 흥미로운 민주주의 국가는 남아프리카공화국입니다. 세계에서 가장 강력한 민주주의 국가는 미국입니다. 그리고 무엇보다도 가장 교훈적인 사례, 온갖 계획들이 시도되고 있는 세계에서 가장 새로운 민주주의 국가는 이라크입니다.

남아프리카공화국에서는 지난 300년 동안 식민주의와 인종 분리 정책(아파르트헤이트)을 통해 소수의 백인이 다수의 흑인을 잔인하게 지배해 왔습니다. 마침내 1994년에 인종 차별을 폐지한 다수당 민주주의가 실현되었습니다. 그 사건은 경이적인 성과였습니다. 그런데, 아프리카민족회의는 집권한 지 2년도 채 안 되어 시장의 신 앞에 저항 한 번 안 하고 무릎을 꿇었습니다. 아프리카민족회의의 대규모 구조 조정, 사유화, 자유화 조치로 인해 부자와 빈민 사이의 격차가 엄청나게 증대했습니다. 아파르트헤이트가 종식된 후 흑인의 공식 실업률은 40퍼센트에서 50퍼센트로 증가했습니다.[42] 기본적 사회 혜택, 곧 전기, 수도, 주택이 사기업화 되면서 전체 인구의 4분의 1에 상당하는 1000만 명이 수도와 전기를 끊겼습니다.[43] 200만 명이 살던 집에서 쫓겨났습니다.

한편, 수 세기에 걸친 잔인한 착취로 무수한 특권을 누려온 소수의 백인들은 과거 그 어느 때보다 더 안전해졌습니다. 그들이 계속해서 토지와 농장과 공장을 통제하고 있습니다. 이 나라의 풍부한 자연 자원은 그들의 것입니다. 아파르트헤이트에서 신자유주의로 전환하는 과정에서 그들은 털끝 하나 다치지 않았습니다. 신자유주의는 양심에 거리낄 게 없는 아파르트헤이트입니다. 이제 신자유주의는 민주주의의 이름으로 진행됩니다.

제국이 신자유주의적 자본주의를 완곡하게 표현한 것이 바로 민주주의입니다.

제1세계 국가들에서도 민주주의 기구들이 파괴되어 왔습니다. 정치인들, 언론 귀족들, 판사들, 강력한 기업의 로비스트들, 정부 관료들이 은밀하게 결탁하고 있습니다. 의회 민주주의의 근간을 구성하는 헌법, 법정, 의회, 행정부, 그리고 아마도 가장 중요한 독립적 언론 사이의 견제와 균형이라는 수평적 합의가 완전히 훼손되고 만 것입니다. 이제 결탁과 공모의 내용과 수준은 파악하기 어렵지도 않을뿐더러 고심하여 정교하게 획책되지도 않고 있습니다.

예를 들어, 이탈리아 수상 실비오 베를루스코니는 자국의 주요 신문, 잡지, 텔레비전, 출판사에서 지배적 이해관계를 행사합니다. 『파이낸셜 타임스』는 그가 이탈리아 텔레비전 시청자의 약 90퍼센트를 장악하고 있다고 보도했습니다.[44] 최근에 그는 뇌물 수수 혐의로 기소되어 재판을 받는 과정에서 자신이야말로 이탈리아를 좌파로부터 구출해 낼 수 있는 유일한 인물이라고 주장하면서 이렇게 말했습니다. "도대체 내가 얼마나 더 내 인생을 희생해야만 하는가?"[45] 이탈리아 텔레비전 시청자의 나머지 10퍼센트에게 이것은 불길한 징조입니다. 자유 언론의 대가는 무엇입니까? 누구를 위한 자유 언론입니까?

미국에서는 그 합의가 좀더 복잡합니다. 클리어채널 커뮤니케이션스 사는 미국 최대의 라디오 방송국 소유주입니다. 이 회사는 1200개 이상의 채널을 운영하고 있는데, 전체 시장의 9퍼센트에 상당하는 수치입니다.[46] 미국 시민 수십만 명이 가두로 진출해 이라크 전쟁에 항의할 때 클리어채널 사는 전국에 걸쳐 '미국을 옹호하는 집회'라는 애국적인 전쟁 찬성 대회를 조직했습니다.[47] 그 회사는 자사의 라디오 방송국을 동원해 행사를 광고했고, 이어서 기자를 파견해 그 대회를 속보로 다루었습니다. 여론의 합의를 만들어내던 시대가 뉴스를 만들어내는 시대에 길을 내주고 말았습니다. 머지않아 언론의 뉴스 편집실은 이런 가식마저

내던지고 기자들 대신에 연극 연출가를 고용할 것입니다.

미국의 쇼비즈니스 산업이 점점 더 폭력적이고 호전적으로 변해 가고, 더불어서 미국의 전쟁마저 점점 더 쇼비즈니스를 닮아가면서 정말이지 흥미로운 융합 현상이 일어나고 있습니다. 토미 프랭크스 장군이 충격과 공포 작전의 대언론 발표문을 읽어 내려갔던, 카타르의 25만 달러짜리 무대장치를 세웠던 설계자가 디즈니와 MGM, '굿모닝 아메리카'의 무대장치도 설계했던 것입니다.[48]

언론 자유의 사상을 가장 열정적이고 집요하게 방어해 왔으며, (최근까지도) 언론의 자유를 보호하기 위해 가장 정교한 법률을 제정하고 시행해 온 미국이 그 자유가 표출될 수 있는 공간을 크게 제한해 버렸다는 사실은 잔인한 아이러니입니다. 미국에서 언론의 자유를 법률적·개념적으로 방어하는 과정에 수반되는 기괴하고 복잡한 방식의 소란스런 흥분은 그 자유를 실질적으로 행사할 수 있는 가능성이 급격히 훼손되는 과정을 은폐하는 데 봉사하고 있습니다.

미국의 뉴스와 오락 산업의 대부분은 몇 개의 주요 기업, 곧 AOL-타임워너, 디즈니, 비아콤, 뉴스코퍼레이션이 장악하고 있습니다.[49] 이 기업들 모두가 텔레비전 방송국, 영화 스튜디오, 음반 회사, 출판사를 소유 운영하고 있습니다. 사실상 출구가 봉쇄된 셈입니다.

미국의 미디어 제국을 통제하는 것은 한 줌도 안 되는 소수의 패거리들입니다. 연방통신위원회 의장 마이클 파월[Michael Powell, 콜린 파월의 아들]은 통신 산업 분야에서 더 한 층의 규제 완화를 제안했습니다. 이제

더 큰 합병 건이 발표될 것입니다.[50]

그리하여 여기에 합법적으로 선출되었다고 할 수 없는 사람이 이끄는 세계에서 가장 위대한 민주주의 국가가 서 있습니다. 미국의 대법원이 그에게 대통령직을 선물했습니다. 미국민은 이 가짜 대통령에게 어떤 대가를 지불해 왔을까요?

조지 부시의 3년 재임 기간 동안 미국 경제는 200만 개 이상의 일자리가 사라져 버렸습니다.[51] 기상천외한 군비 지출, 기업 복지, 부자들을 위한 세금 감면이 미국 교육 제도의 재정 위기를 초래했습니다. 주 입법부 전국 위원회의 조사에 따르면, 미국의 주 정부들이 2002년에 공공 서비스, 보건, 복지, 교육 분야에서 490억 달러를 삭감했다고 합니다. 그들은 올해 257억 달러를 추가로 삭감할 예정입니다.[52] 다 합하면 750억 달러에 이릅니다. 조지 부시가 이라크 전쟁 비용으로 의회에 승인 요청한 최초 금액이 800억 달러였습니다.[53]

자, 누가 전쟁의 대가를 치르고 있습니까? 미국의 빈민인 것입니다. 학생, 실업자, 미혼모, 병원과 집에서 보살핌을 받는 환자, 교사, 보건 노동자인 것입니다.

실제로 전투를 수행하는 것은 또 누구입니까?

다시 한 번, 미국의 빈민입니다. 이라크 사막의 태양 아래서 쪄 죽는 군인들은 부자들의 자식이 아닙니다. 상하원을 통틀어 자식을 이라크로 보낸 의원은 단 한 명뿐입니다.[54] 실제로 미국의 '자원병' 군대라는 것은 가난한 백인, 흑인, 라티노, 아시아인들의 빈곤 징집에 의존하고 있습니다. 그들이 생활비를 벌고 교육 기회를 얻기 위한 방편으로 군대에 자원 입대하는 것입니다. 연방 정부의 통계에 따르면, 아프리카계 미국인이 전체 군대의 21퍼센트, 육군의 29퍼센트를 차지하고 있습니다. 그들은 전체 인구의 12퍼센트에 불과합니다.[55] 아프리카계 미국인이 군대와 감옥에서 비정상적으로 높은 비율을 차지한다는 사실이 이상하지 않습니까? 어쩌면 우리가 긍정적 태도를 취해야 할지도 모르겠습니다. 이 사태를 차별 철폐 조치[affirmative action, 교육 기회와 고용에 있어서 소수 민족과 여성에게 일정량의 쿼터를 부여하는 제도]가 가장 성공적으로 정착한 사례로 이해하도록 합시다. (전체 인구의 2퍼센트에 상당하는) 400만 명의 미국인이 중범죄 확정 판결로 인해 투표권을 상실했습니다.[56] 그 가운데 140만 명이 아프리카계 미국인입니다. 전체 투표 가능 연령 흑인의 13퍼센트가 선거권을 빼앗겼다는 얘기입니다.[57]

아프리카계 미국인은 죽음에서도 차별 철폐 조치를 받았습니다. 경제학자 아마르티아 센의 연구는 사회 집단으로서의 아프리카계 미국인이 중국인, 인도의 케랄라 주민(내가 태어난), 스리랑카인, 코스타리카인보다 평균 수명이 더 짧다는 것을 보여줍니다.[58] 방글라데시 사람들이 이곳 할렘의 아프리카계 미국인들보다 65세까지 살 가능성이 더 큽니다.[59]

마틴 루터 킹이 살아 있다면 74회 생일을 맞이했을 올해, 부시 대통령은 흑인과 라티노에게 교육 기회를 제공해 온 미시간 대학교의 차별 철폐 프로그램을 비난했습니다. 그는 이 정책이 "분열적이고, 불공정하며,"

헌법에도 위배된다고 말했습니다.[60] 조지 부시를 당선시키기 위해 플로리다 주 선거인 명부에서 흑인들을 빼버린 공작은, 물론 불공정하지도 않았고 헌법에 위배되지도 않았습니다. 나는 예일대 출신의 백인을 위한 차별 철폐 조치가 불공정하거나 위헌적인 것일 리 없다고 생각합니다.

이제 우리는 누가 전쟁의 대가를 치르고 있는지 압니다. 우리는 누가 전쟁에서 싸우는지도 압니다. 그렇다면 전쟁에서 이익을 보는 자들은 누구일까요? 1000억 달러에 상당할 것으로 추정되는 재건 사업 계약을 향해 나아가고 있는 자들은 누구입니까?[61] 미국의 빈민과 실업자와 병자들입니까? 미국의 미혼모들인가요? 아니면 흑인과 라티노 등의 소수민족인가요?

이 점을 상기해 봅시다. 국방정책위원회는 펜타곤에 국방 정책을 자문해 줍니다. 위원회의 성원들은 국방부 부장관이 지명하고, 도널드 럼스펠드가 승인합니다. 회의는 극비로 진행됩니다. 어떤 정보도 공개 청문회의 대상이 되지 않습니다.

워싱턴에 있는 공익보전센터는 국방정책위원회 성원 30명 가운데 아홉 명이, 2001년과 2002년에 760억 달러 상당의 국방부 계약을 수주한 기업들에 연루되어 있다는 사실을 밝혀냈습니다.[62] 그들 가운데 한 명인 퇴역한 해병대 장성 잭 쉬한은 국제적 토목공사 기업 벡텔의 수석 부사장입니다.[63] 그 회사의 사장 라일리 벡텔은 대통령 직속의 수출 위원회 임원입니다.[64] 벡텔 그룹의 이사진 가운데 한 명이기도 한 전 국무장관 조지 슐츠는 이라크해방위원회 자문단 의장입니다.[65] 『뉴욕 타임스』가 이해관계가 충돌하는 듯이 보이는 게 걱정스럽지 않느냐고 묻자 그는 이렇게 대답했습니다. "벡텔이 거기서 특별히 이익을 얻을지는 모르겠다. 그러나 뭔가 해야 할 일이 있다면 벡텔도 그 일을 할 수 있는 자격이 있다."[66]

벡텔은 이라크에서 6억 8000만 달러 상당의 재건 계약을 따냈습니다.[67] 책임정치센터는 벡텔이 1999~2000년 공화당 선거 유세 때 130만 달러를 기부했다고 밝혔습니다.[68]

테러 행위의 사악함을 크게 부각시킴으로써 이런 협잡질을 대수로워 보이지 않게 만드는 것이 바로 미국의 테러 법령입니다. 2001년 10월 12일에 통과된 미국의 애국법은 전 세계 각국에서 유사한 입법 활동의 밑그림이 되었습니다. 그 법안은 337대 79라는 압도적인 표차로 미 하원에서 통과되었습니다. 『뉴욕 타임스』는 당시 상황을 이렇게 전합니다. "많은 의원이, 그 법안을 제대로 토론하는 것은 물론이고 심지어는 읽어보는 것조차 불가능했다고 말했다."[69]

애국법으로 인해 체계적인 자동 감시의 시대가 열렸습니다. 정부는 전화와 컴퓨터를 감시할 수 있는 권한을 갖게 되었습니다. 정부는, 몇 년 전이라면 도저히 용인될 수 없었을 다양한 방식으로 사람들을 염탐할 수 있게 되었습니다.[70] 이 법안으로 미국 연방수사국은 테러 조직의 일원이라는 의심만으로도 도서관 이용자들과 서점 고객들의 대출 및 구매 기록은 물론 다른 온갖 정보들도 확보할 수 있는 권한을 갖게 되었습니다.[71] 언론 활동과 범죄 행위 사이의 경계가 모호해져 버렸습니다. 시민 불복종 행동을 위법 행위로 해석할 수 있게 된 것입니다.

이미 수백 명이 '불법 전투원'이란 막연한 죄목으로 억류되고 있습니다.[72] (인도에서도 그 숫자가 수백 명에 이릅니다.[73] 이스라엘에서는 현재 5000명의 팔레스타인인이 감금되어 있습니다.[74]) 시민권이 없는 사람들은 당연히 권리도 없습니다. 그들은 워싱턴의 오랜 친구 피노체트 장군 치하의 칠레 국민처럼 그냥 '사라질' 뿐입니다. 1000명 이상──이들 가운데 상당수가 무슬림이거나 중동 출신자들인데──이 수감중이고, 일부는 법률적 도움을 받지도 못하고 있습니다.[75]

미국의 시민들은 실제로 전쟁 비용을 내는 것 말고도 이 '해방' 전쟁을 위해 그들의 자유를 희생하고 있습니다. 미국의 평범한 보통 사람들이 다른 나라들에 새로운 민주주의를 이식하면서 치르는 대가는 진정한 민주주의가 자국에서 사망해 버린 것입니다.

한편, 이라크에서는 '해방'을 위한 청소 작업이 한창입니다. (혹여 그들이 '자유화'도 생각하고 있을까요?) 『월 스트리트 저널』은, "부시 행정부가 이라크 경제를 미국의 구상대로 재편하기 위해 포괄적인 계획을 수립했다."라고 보도했습니다.[76]

이라크의 헌법이 다시 기초되고 있습니다. 무역법, 관세법, 지적재산권법이 다시 기안되고 있습니다. 이라크를 미국식의 자본주의 경제로 탈바꿈시키기 위해서 말입니다.[77]

미국 국제개발청은 도로 건설 및 상하수도 부설에서 교과서 제작 배포와 이동 전화 네트워크 가설에 이르는 다양한 계약 입찰 행사에 미

국 기업들을 초청했습니다.[78]

조지 부시가 미국의 농부들이 세계인을 먹여 살리기를 원한다고 밝힌 직후 세계 최대의 곡물 수출업체인 카길 사의 수석 임원이었던 댄 앰스터츠가 이라크 농업 재건의 임무를 떠맡았습니다. 옥스팸[Oxfam, 1942년 영국에서 결성된 국제적인 빈민 구호 단체]의 정책국장 케빈 왓킨은 이렇게 말했습니다. "댄 앰스터츠를 이라크 농업 재건의 책임자로 임명한 것은, 사담 후세인을 인권위원회 의장으로 앉힌 것과 다를 바가 없다."[79]

이라크 석유 관리 사업을 담당할 후보자 명단에 오른 두 사람도 쉘, BP, 플루어에서 일했던 자들입니다. 플루어 사는 남아프리카공화국 흑인 노동자들에게 고발당해 소송중입니다. 그들은 이 회사가 아파르트헤이트 시절에 자신들을 잔혹하게 착취했다고 비난하고 있습니다.[80] 물론 쉘도 나이지리아 오고니족의 땅을 황폐화시킨 것으로 악명이 높습니다.[81]

(미국에서 가장 유명한 텔레비전 앵커 중의 한 명인) 톰 브로코가 무의식중에 속마음을 드러내고 말았습니다. 그는 이렇게 말했지요. "머지않아 우리가 이라크를 갖게 될 것이므로 사회 기간 시설을 파괴하지 않는 것이 바람직하다."[82]

그 주인의 활동이 자리를 잡아가고 있는 지금 이라크는 새로운 민주주의를 향해 나아갈 준비가 되었습니다.

그렇다면, 레닌이 물었던 것처럼, 무엇을 해야 할까요?

글쎄요…….

미국의 전쟁 기구에 효과적으로 도전할 수 있는 재래식의 군사력이 전무하다는 사실을 우리가 먼저 인정해야 할 것입니다. 테러리스트의 공격은 미국 정부에게 우리의 목을 더한층 조를 수 있는 빌미만을 제공할 뿐입니다. 공격당하면 수일 내로 제2의 애국법이 통과될 것이라고 내기해도 좋습니다. 미국의 군사 행동이 테러 공격의 가능성을 높일 것이라고 주장하며 그에 반대해도 소용이 없습니다. 그것은 마치 브러 래빗[Brer Rabbit, 온갖 상황에서도 살아남는 인기 만화의 주인공 토끼]에게 가시나무 덤불에 던져버리겠다고 협박하는 것과 다를 바가 없습니다. '새로운 미국의 세기를 위한 프로젝트'라고 불리는 문서를 읽어본 분이면 누구라도 다 이 사실을 알 것입니다. 미국 정부는, 2001년 9월 11일에 발생한 테러 공격 전후의 정보기관 활동에 대한 의회의 합동 조사보고서를 은폐했습니다. 보고서를 보면, 공격이 있을 것이라는 경고가 무시되었음을 알 수 있습니다.[83] 따라서 온갖 겉꾸밈에도 불구하고 테러리스트와 부시 정권이 사실상 한패로 움직인 거나 마찬가지임을 알 수 있습니다. 이 둘은 모두 국민이 정부의 행동에 대해 책임을 져야 한다고 주장합니다. 그들은 모두 집단적 범죄에는 집단적 응징을 동원해야 한다는 논리를 믿습니다. 그들의 행동은 서로에게 아주 유익합니다.

미국 정부는 이미 편집증적 공격 능력의 범위와 정도를 분명하게 보여준 바 있습니다. 인간 심리에서 편집증적 공격 행위는 흔히 신경 불안의 정도를 알려주는 지표입니다. 국가 심리의 경우에도 다르지 않다고 주장할 수 있습니다. 제국에는 급소가 있고, 그래서 제국은 편집증적입니다.

국경 순찰대와 핵무기를 동원해서 본토를 방어할 수는 있을 것입니다. 그러나 제국의 경제는 전 세계에 뻗어 있습니다. 제국의 경제적 전초 기지는 노출되어 있고, 따라서 공격받기 쉽습니다.

그러나 우리가 제국과 직접 맞설 수 있다고 생각하는 것은 순진한 발상입니다. 우리의 전략은, 제국의 작동 부분들을 고립시켜 그것들을 하나씩 무력화하는 것이어야 합니다. 하찮은 목표물이란 없습니다. 보잘것없는 승리라는 것도 없습니다. 우리는, 제국과 그 동맹국들이 가난한 나라에 부과하는 경제 제재라는 개념을 역전시켜 사용할 수 있습니다. 전후 이라크에서 계약을 수주한 모든 기업에게 민중의 경제 제재를 부과할 수 있는 것입니다. 과거에 미국과 전 세계의 활동가들이 인종 차별적 기구들을 표적으로 삼았던 것처럼 말입니다. 해당 기업법인 모두가 일일이 호명되고, 공개되고, 보이콧되어야 합니다. 더 이상 장사를 못하도록 축출해야 합니다. 충격과 공포 작전에 대한 우리의 대답은 이것이어야 합니다. 정말이지 이것은 위대한 시작이 될 것입니다.

또 다른 긴급한 과제는 이사회 보고서를 지향하는 기업 언론의 실체를 폭로하는 것입니다. 우리는 대안적 정보의 세계를 만들어내야 합니다. 『데모크라시 나우』, 얼터너티브 라디오, 사우스 엔드 프레스[South End Press, 미국의 진보적 출판사. 촘스키의 저서를 다수 출간했다.]와 같은 독립 언론을 지원해야 합니다.

민주주의를 회복하는 전투는 어려운 싸움이 될 것입니다. 어떤 정부도 우리에게 자유를 거저 주지 않았습니다. 우리가 그들로부터 자유를 쟁취한 것입니다. 자유를 빼앗긴 상황에서 그것을 회복하기 위한 전투는 혁명이 됩니다. 그것은 대륙과 국가를 초월하는 전투입니다. 자유를 되찾는 전투가 국경을 인정해서는 안 됩니다. 그러나 성공하려면 바로 여기서 시작해야만 할 것입니다. 바로 미국에서 말입니다. 미국 정부보다 더 강력한 유일한 집단이 바로 미국의 시민 사회입니다. 나머지 우리는 노예 국가의 신민일 뿐입니다. 우리는 절대로 무력하지 않습니다. 그러나 여러분은 가까이에서 힘을 행사할 수 있습니다. 여러분은 제국의 궁전과 제왕의 내실에 접근할 수 있습니다. 제국의 정복 활동이 여러분의 이름으로 행해지고 있습니다. 따라서 여러분에게는 거부할 수 있는 권리가 있습니다. 여러분은 싸움을 거부할 수 있습니다. 무기고에서 항만으로 미사일들을 옮기는 것을 거부해 주십시오. 국기를 흔드는 것을 거부하고, 승리의 가두 행진을 거부해 주십시오.

여러분에게는 풍부한 저항의 전통이 있습니다. 이 점을 되짚어보고 싶다면 하워드 진의 『미국 민중사』를 잠깐 들춰보기만 하면 됩니다.[84]

무자비한 선전 공세에 노출되고서도 수십만 명이 살아남았습니다. 그 수십만의 여러분이 여러분의 정부와 적극적으로 싸우고 있습니다. 미국을 압도하고 있는 광신적 애국주의 열풍 속에서 그렇게 싸운다는 것 자체가, 조국의 독립과 해방을 위해 투쟁하는 이라크인, 아프간인, 팔레스타인 사람만큼이나 용감한 행위입니다.

여러분이, 수십만, 아니 수백만의 규모로 이 전투에 참가한다면 전 세계인이 기쁜 마음으로 여러분을 환영할 것입니다. 아마도 여러분은 잔인함보다는 친절함이, 두려움보다는 안전이 더 아름답다는 것도 알게 될 것입니다. 고립의 길로 가지 말고 친구가 되어 주십시오 증오의 대상이 되지 말고 사랑을 받을 수 있도록 해주십시오.

저는 여러분의 대통령과 의견을 달리하는 게 싫습니다. 여러분의 미국은 결코 위대한 국가가 아닙니다. 그러나 여러분은 위대한 국민이 될 수 있습니다.

역사가 여러분에게 기회를 부여하고 있습니다.

때를 놓치지 마시기 바랍니다.

역사의 위인들이 행진에 나설 때* *When the Saints Go Marching Out*

❋ 마틴 루터 킹, 모한다스 간디, 넬슨 만델라의 기묘한 운명

워싱턴 행진 40주년 기념일이 다가옵니다. 마틴 루터 킹이 "나에게는 꿈이 있습니다."란 유명한 연설을 했지요. 그 꿈과 관련해서 무엇이 실현되었는지를 다시 한 번 생각해 봐야 할 때인 것 같습니다.

한 시대가 지난 지금 우상이 상품화되고 횡령되어 (일부는 의도적으로 또 다른 일부는 부지불식간에 그러고 있습니다.) 그들이 맞서 싸웠던 적대감과 편견, 불평등을 조장하는 데 사용되는 방식은 놀랍기 그지없습니다. 그러나 모든 것이 판매되는 시대에 우상이라고 왜 아니겠습니까? 모든 인간, 지상의 모든 피조물이 국제통화기금의 수표장과 미국의 크루즈 미사일 사이에 포박당한 현실에서 우상이라고 별수 있을까요?

마틴 루터 킹은 삼위일체의 한 축입니다. 따라서 자신의 길을 개척한 나머지 두 사람을 빼놓고 그를 생각한다는 것은 힘든 일이지요. 모한다

---

* 이 글은 2003년 8월 25일 비비시의 라디오 4에서 처음 방송된 에세이를 수정한 것이다. 킹의 연설 내용을 직접 인용해 방송하지 않기로 결정한 BBC의 요청에 따라 실제 방송에서는 킹이 연설에서 사용한 문구를 바꾸어 말하는 방식을 취했으나, 이 글에서는 직접 인용의 방식을 사용했다.

스 간디와 넬슨 만델라가 그들입니다. 이 세 사람은 비폭력 저항 운동의 위대한 지도자들입니다. 이 세 사람은 모두 20세기의 비폭력 해방 투쟁을 (많거나 적게) 대표합니다.(어쩌면 "타협이 이루어졌을 뿐"이라고 이야기해야 할까요?) 식민지의 신민은 식민주의자에 맞섰고, 한때 노예였던 민중은 노예 소유자에 맞서 투쟁을 벌였습니다.

오늘날 바로 그 사회들의 엘리트와, 자유를 위한 투쟁이 명분으로 삼았던 국민이, 그들을 새로운 주인을 영접하는 마스코트로 사용하고 있습니다.

모한다스, 만델라, 마틴.

인도, 남아프리카공화국, 미국.

박살난 꿈, 배신, 악몽.

이제 "자유로워졌다."라고 하는 '세계'를 짧게 묘사한 것입니다.

작년 3월 인도의 구자라트——바로 간디의 그 구자라트——에서 우익 힌두교 폭도들이 무자비한 폭력의 광란 속에서 무슬림 2000명을 살해했습니다. 여성들은 윤간을 당했고 산 채로 불에 탔습니다. 무슬림의 묘지와 성소는 남김없이 파괴되었습니다. 무슬림 15만 명 이상이 고향에서 쫓겨났습니다. 공동체의 경제 기반이 파괴되었습니다. 목격자들과 몇몇 진상조사위원회들은 주 정부와 경찰이 폭력 행위를 공모했다며 비난했습니다.[1] 나는 한 무리의 희생자들이 모여 있는 곳으로 가 보았습니다. 그들은 이렇게 절규하고 있었습니다. "제발 우리를 경찰한테서 구해 주세요! 우리가 원하는 것은 그것뿐입니다……."

2002년 12월에 같은 주 정부가 재선에 성공해 연임을 하게 되었습니다. 폭동을 조직했다고 폭넓게 비난받아 온 나렌드라 모디[1]가 구자라트 주 정부의 수반으로서 자신의 두 번째 임기를 시작한 것입니다. 독립 기념일인 2003년 8월 15일에 그는 환호하는 수천의 군중 앞에서 인도 국기를 게양했습니다. 그는 상징적 위협의 제스처로 검은색 라시트리야 스와얌세바크 상[2] 모자를 착용했습니다. 그가, 노골적으로 히틀러와 그의 방법에 동조한다고 말하는 힌두 민족주의 단체의 일원임을 분명히 알 수 있는 대목입니다.[2]

인도에서는 힌두 민족주의의 어두운 그늘 속에서 사는 무슬림의 수가 무려 1억 3000만 명에 이릅니다. 달릿, 기독교도, 시크교도, 아디바시 등의 다른 소수 공동체는 제쳐놓고 말입니다.

자신의 정치적 장래에 대한 자신감이 차고 넘치던 나렌드라 모디가 구자라트 주로 넬슨 만델라를 초청했습니다. 2003년 10월 2일 간디 탄생 기념일 축하 행사에 주빈으로 모시려 한 것입니다.[3] 다행스럽게도 초청은 거절당했습니다.[4]

그렇다면 만델라의 남아프리카공화국은 어떨까요? 작은 기적으로 알려진, 신의 축복이 함께하는 무지개 국가일까요? 남아프리카인들은,

---

1) 나렌드라 모디Narendra Modi: 구자라트 주지사. 2002년 2000명 이상의 무슬림이 살해당하는 폭동이 일어났을 때 주 정부를 이끌고 있었다.
2) 라시트리야 스와얌세바크 상Rashtriya Swayamsevak Sangh; RSS: 명확한 반무슬림 입장과 힌두트바 민족주의 이데올로기로 무장한 우익 힌두 문화 결사체. RSS는 BJP 이데올로기의 발전소이다. '민족 자립 그룹 National Self-Help Group'이라는 의미.

자신들이 아는 유일한 기적이라곤 그 무지개가 엄청난 속도로 사유화되었고, 쪼개져서 팔려나갔고, 최고가를 부르는 입찰자에게 경매된 것뿐이라고 말합니다. 남아프리카공화국은 아르헨티나를 신자유주의의 상징으로 소리 높여 선전해 대면서 대규모 사유화 계획과 구조 조정 정책을 실시했습니다. 토지를 갖지 못한 2600만의 농민에게 농사를 지을 수 있도록 땅을 재분배하겠다던 정부의 약속은 한 편의 블랙 코미디로 끝났습니다.[5] 국민의 50퍼센트 이상이 땅을 단 한 뙈기도 갖고 있지 못합니다. 거의 모든 농업용 토지를 백인 농부 6만 명이 소유하고 있습니다.[6] (최근 남아프리카를 방문한 조지 부시가 타보 음베키 남아프리카공화국 대통령을 짐바브웨 문제의 '교섭 창구'라고 언급했다는 사실은 작은 기적입니다.[짐바브웨의 흑인 지도자 로버트 무가베가 자신의 정치적 위기를 타개하기 위해 백인들에 대한 공격을 선동했다.])

아파르트헤이트가 끝났습니다. 흑인 가구 하위 40퍼센트의 수입이 약 20퍼센트 감소했습니다.[7] 200만 명이 살던 집에서 쫓겨났습니다.[8] 매일 600명이 에이즈로 죽습니다. 국민의 40퍼센트가 실업 상태이고, 그 수는 빠르게 증가하고 있습니다.[9] 기본적 서비스의 사기업화로 수백만 명이 상수도와 전기를 차단당했습니다.[10]

2주 전에 나는 더반 시 채스워스에 있는 테레사 나이두의 집을 방문했습니다. 남편이 전날 에이즈로 죽었더군요. 그녀는 관을 살 돈이 없었습니다. 그녀와 두 자녀 역시 HIV 양성 반응을 보이고 있습니다. 그녀는 비좁은 아파트의 임대료와 수도료를 못 냈고, 정부는 단수 조치를 취한 상태였습니다. 정부는 그녀의 불행을, 그녀와 같은 수백만의 곤경을 "돈 안 내고 버티겠다는 공짜 심보"라고 일축합니다.[11]

그 정부가 국제적 망신을 자초했습니다. 아파르트헤이트 시대에 악행을 저지른 기업들에 배상금을 지급하지 말도록 판결하라고 미국 내의 한 소송 사건 담당판사에게 공식 요청한 것입니다.[12] 배상금 청구 행위——다른 말로 정의를 회복하자는 움직임——가 외국 투자를 위축시킬 것이라는 게 그 이유였습니다.[13] 그래서 남아프리카의 빈민들은 아파르트헤이트 시대의 부채를 갚아야만 합니다. 아파르트헤이트 시대에 흑인을 착취하면서 막대한 부를 축적한 자들은 신이 축복한 넬슨 만델라의 무지개 국가가 베푼 호의 속에서 이제 훨씬 더 많은 이윤을 뽑아낼 수 있게 된 것입니다. 타보 음베키 대통령은 정부의 동료들에게서 여전히 '동지'라고 불립니다. 남아프리카에서는 오웰식의 풍자적 묘사가 실제의 현실 생활에 두 손을 들고 맙니다.

마틴 루터 킹의 미국에 대해서는 어떻게 말할 수 있을까요? 간단한 질문을 해봐도 좋을 것 같습니다. 그가 오늘날까지 살았더라면 위대한 미국인들의 만신전에서 온화한 태도로 확고부동한 자신의 지위를 차지하는 데에 만족하고 있었을까요? 어쩌면 그가 대좌를 박차고, 공허한 찬양을 물리치고, 가두로 걸어 나와 다시 한 번 민중을 규합하지는 않을까요?

암살당하기 1년 전인 1967년 4월 4일에 마틴 루터 킹은 뉴욕 시 리버사이드 교회에서 연설을 했습니다. 그 저녁에 그는 이렇게 말했습니다. "오늘날의 세계에서 가장 위대한 폭력의 전도사인, 내 자신의 정부에 대해 먼저 명확히 하지 않고서 빈민굴의 피억압자들이 휘두르는 폭력을 비난할 수는 없을 것입니다."[14]

그런 그의 견해가 바뀌어야 했을 1967년부터 2003년까지의 36년 사이에 어떤 일이 벌어진 것일까요? 공화당이 이끌었든 민주당이 이끌었든 그 자신의 조국 후임 정부들이 그때 이후 관여해 온 공공연하거나 은밀한 전쟁과 대량 살육 행위를 목격하고 그가 자신의 입장을 더 확신하게 된 것은 아닐까요?

마틴 루터 킹이 처음부터 투사였던 것은 아니라는 점을 기억합시다. 그는 설교자였고 신앙인이었습니다. 그는 1964년에 노벨 평화상을 받았습니다. 언론은, 예를 들어 더 투쟁적이었던 맬컴 엑스와는 달리 그를 모범적인 흑인 지도자로 칭송했습니다. 불과 3년 만에 마틴 루터 킹은 공식석상에서 미국 정부가 베트남에서 자행하는 인종주의 전쟁을 국내의 인종차별 정책과 결부시켜 비판했습니다.

1967년에 그는 비타협적이고 투쟁적인 연설을 통해 미국의 베트남 침공을 성토했습니다. 그는 이렇게 말했습니다.

[우리는] 흑인과 백인 청년들이 자기들을 한 교실에 앉힐 수 없는 국가를 위해 함께 죽이고 죽는 모습을 텔레비전 화면으로 지켜보는 잔인한 아이러니를 반복해서 경험하고 있습니다. 그렇게 해서 우리는, 그들이 잔인한 연대 속에서 빈한한 마을의 오두막을 불태워버리는 모습을 지켜

봅니다. 그러나 우리는 그들이 디트로이트에서 결코 한 동네에 살지 않으리라는 것을 압니다."[15]

『뉴욕 타임스』는 미국의 흑인들 사이에서 점증하던 전쟁 반대의 분위기를 잠재우기 위해 멋진 대항 논리를 들고 나왔습니다. "베트남에 파견된 흑인들은 처음으로 조국을 위해 멸사봉공할 수 있는 기회를 얻었다."[16]

그 신문은 마틴 루터 킹의 다음과 같은 발언을 빠뜨렸습니다. "인구 대비 비율을 고려해 볼 때 베트남에서 죽는 흑인의 수가 백인보다 두 배 더 많습니다."[17] 그 신문은, 시체 가방이 조국으로 돌아왔을 때 일부 흑인 병사들의 시신이 미국 남부[Deep South, 조지아, 앨라배마, 미시시피, 루이지애나 주 등으로 인종차별이 격심하다.]에서 분리주의 묘지에 묻혔다는 사실은 언급하지 않았습니다.

마틴 루터 킹이 오늘날 미국 인구의 12퍼센트를 차지하는 아프리카계 미국인이 전체 군 병력의 21퍼센트를 차지하고, 육군의 29퍼센트를 차지한다는 연방 정부 통계치를 보면 무어라고 말할까요?[18]

어쩌면 그는 긍정적인 견해로 이 사태를 차별 철폐 조처[affirmative action, 교육 기회와 고용에 있어서 소수 민족과 여성에게 일정한 비율을 할당하는 조처]가 효과적으로 취해진 성공 사례로 볼까요?

미국인들은 투표권을 쟁취하기 위해 열심히 싸웠습니다. 오늘날 140만 명의 아프리카계 미국인——이는 투표가 가능한 전체 흑인 집단의

13퍼센트입니다.——이 중죄 확정 판결로 인해 선거권을 박탈당했다는 사실에 대해서는 그가 어떤 반응을 보일까요?[19]

베트남에서 싸우는 흑인 병사들에게 마틴 루터 킹은 이렇게 말했습니다. "군 복무를 하고 있는 젊은이들과 이야기할 때 우리는 우리의 국가가 베트남에서 무슨 일을 하고 있는지를 분명히 밝혀야 합니다. 그들에게 양심적 병역 거부라는 대안을 제시해야 합니다."[20]

1967년 4월 맨해튼에서 거행된 대규모 반전 시위에서 스토클리 카마이클은 징병 행위를 "백인들이 황인종에게서 강탈한 땅을 지키기 위해 흑인들을 보내 황색 인종을 상대로 전쟁을 벌이는 행위"라고 묘사했습니다.[21]

무엇이 바뀌었습니까? 강제 징병이 빈곤을 무기로 한 징병으로 바뀐 것을 제외하면 사태는 똑같습니다. 빈곤에 의한 징병은 또 다른 종류의 강제입니다.

오늘날 이라크와 아프가니스탄을 침공하고 점령한 것은 과거의 베트남 침략과는 도덕적 차원에서 여러모로 다르다고 마틴 루터 킹이 말할까요? 그가 이들 전쟁에 참여하는 것이 정당하고 도덕적이었다고 말할까요? 미국 정부가 사담 후세인과 같은 독재자를 수년 동안이나 정치적으로, 재정적으로 지원한 것이 정당했다고 말할까요? 1980년대에 후세인은 이란과 맞서는 미국의 동맹자였고, 쿠르드족, 이란인, 자국민인 이라크인을 상대로 극악무도한 행위를 자행했습니다.

그런데 사담 후세인처럼 그런 독재자가 멋대로 굴기 시작했습니다.

이라크에 맞서 전쟁에 돌입하는 것이, 그 나라의 강토에 열화 우라늄탄을 수백 톤씩 떨어뜨리는 게, 상수도 시설을 파괴하는 게, 경제 제재를 부과해 어린이 50만 명을 살해하는 게, 유엔 무기 사찰단을 동원해 무장 해제를 강요하는 게, 사소한 문제에 불과했던 대량살상무기와 관련해 대중을 오도하는 게, 그리고 마침내 그 나라가 무릎을 꿇자 침략군을 보내 정복하고, 점령하고, 국민을 모욕하고, 자연 자원과 기간 시설을 장악하고, 벡텔과 같은 미국 기업들에 수억 달러 규모의 계약을 포상으로 수여하는 것이 정당했다고 그가 말할까요?

마틴 루터 킹은 베트남 전쟁에 반대해 목소리를 높이면서, 오늘날 많은 사람이 주저하는 몇 가지 결론을 끌어내었습니다. 그는 이렇게 말했습니다. "인종차별의 문제, 경제적 착취의 문제, 전쟁의 문제는 모두 하나로 얽혀 있습니다. 이것들은 밀접한 관계가 있는 삼중의 악입니다."[22] 오늘날 미국 정부가 자신의 잔학함, 곧 인종차별, 경제적 침략, 전쟁 기구를 가난한 나라에 수출하는 것은 정당하다고 사람들에게 말할까요?

미국의 흑인들이 미국이 제공하는 파이 가운데서 자신들의 몫을 정당하게 가져가려면, 아니 파이를 더 키우고 더 많이 가져가려면, 아프리카와 아시아와 중동과 라틴 아메리카의 민중이 미국식 삶의 방식을 위해 치르는 참혹한 대가에 아랑곳하지 말고 가열차게 투쟁해야만 한다고 그가 말할까요? 그가 위대한 아메리칸 드림을, 전혀 다른 종류의 아름다운 꿈이었던 그 자신의 희망에 접목시킬까요? 어쩌면 그런 사태를 자신이 지지했던 모든 것, 그리고 자신의 기억에 대한 신성 모독으로 보지는 않을까요?

시민권을 쟁취하기 위한 미국 흑인들의 투쟁으로 우리는 시대를 대변했던 위대한 정치 투사와 사상가와 대중 연설가와 작가를 갖게 되었습니다. 마틴 루터 킹, 맬컴 엑스, 파니 루 헤이머, 엘라 베이커, 제임스 볼드윈 그리고 물론 마법처럼 신비스럽고 매혹적인 존재 무하마드 알리가 그들입니다.

누가 그들의 정신을 물려받았습니까?

콜린 파월과 같은 자들입니까? 콘돌리자 라이스인가요? 마이클 파월입니까?

이들은 정반대의 우상이자 역할 모델입니다. 그들은 흑인들의 물질적 성공에 대한 꿈의 화신인 것 같습니다. 그러나 실제에 있어 그들은 위대한 배신을 표상합니다. 그들은 더 암울한 인종의 분노와 압박으로부터 빛나는 무도회장의 출입문을 지키는 제복 입은 하인일 뿐입니다. 인종주의 전쟁과 아프리카 원정에서 아첨으로 신용을 쌓은 그들의 역할과 목표가 부시 행정부에 의해 뻔뻔스럽게 제시되는 것입니다.

이들이 미국 흑인 사회의 새로운 우상이라면 과거의 우상들은 제거되어야만 합니다. 그들이 같은 만신전에 들어갈 수는 없기 때문입니다. 이들이 미국 흑인 사회의 새로운 우상이라면 마이크 마커시가 자신의 아름다운 저서 『알리, 아메리카를 쏘다』에서 묘사한 잊을 수 없는 이미지, 다시 말해 노인이 되어 파킨슨병과 싸우는 무하마드 알리가 퇴직

연금을 광고하는 모습이 미국은 물론 전 세계에서 블랙파워[Black Power, 흑인 해방운동의 슬로건]에 무슨 일이 닥쳤는지를 상징적으로 보여준다고 할 것입니다.[23]

미국의 흑인 사회가 자신들의 진정한 영웅과 그들의 편이 되어 함께 싸웠던 그 모든 이름 없는 사람들에게 진정으로 경의를 표하고자 한다면, 전 세계가 경의를 표하고자 한다면 지금 당장 워싱턴으로 행진해야 합니다. 다시 우리 모두의 희망을 지키기 위해서 말입니다.

샹카르 구하 니요기를 추모하며*

In Memory of Shankar Guha Niyogi

여러분이 진정으로 사랑했던 지도자 샹카르 구하 니요기[1]가 살해당한 지 정확히 12년이 흘렀고, 오늘 우리는 이 자리에 모였습니다. 하 세월이 흘렀지만 우리는 아직도 그를 살해한 자들이 정의의 법정에 세워지기를 기다리고만 있습니다.

저는 작가입니다. 그러나 이토록 절박하고 피할 수 없는 전투의 시기에는, 흔히 공석에서 발언하지 않는 사람일지라도 누구나 많은 사람 앞에 서서 그들과 생각을 공유하는 것이 중요하다고 봅니다. 작가도 여기에 포함됩니다.

이렇게 중요한 날, 제가 이 자리에 선 것은 차티스가르 무크티 모르차[2]의 눈부신 투쟁을 지지하고 존경한다고 말하기 위해서입니다.

---

* 이 연설은 2003년 9월 28일 인도 라이푸르 Raipur에서 행한 것으로, 2003년 10월 13일 『힌두스탄 *Hindustan*』에 힌디어로 처음 발표되었다. 샹카르 구하 니요기는 차티스가르 Chhattisgarh의 신망 있는 노동조합 지도자였다.
1) 샹카르 구하 니요기 Shankar Guha Niyogi: 차티스가르 무크티 모르차의 노동조합 지도자. 고용된 자객에 의해 1991년 9월에 살해당했다.
2) 차티스가르 무크티 모르차 Chhattisgarh Mukti Morcha: 광산 지역 차티스가르의 노동조합

어제 저는 차티스가르 무크티 모르차의 투쟁이 시작된 달리라지하라 철광석 광산 주변의 거류지를 둘러보았습니다. 현재 이 투쟁은 차티스가르 전역으로 확산되었습니다. 저는 둘러본 현실과 만난 사람들에게 큰 감명을 받았습니다. 무엇보다 감동적이었던 사실은, 여러분의 투쟁이 노동자와 농민의 권리, 그러니까 임금과 상여금과 일자리만을 생각하는 투쟁이 아니라 언제나 인간적인 것이 무엇인지를 감연히 꿈꾸어 온 투쟁이라는 점입니다. 민중의 권리가 공격당할 때면 여러분은 언제나 그들과 연대해 왔습니다. 그들이 여성이든 아이든, 박해받는 시크교도든 무슬림이든, 노동자든 관개용수를 거절당한 농민이든 상관없이 말입니다.

인간성에 대한 이렇게 예민하고도 존경하지 않을 수 없는 감각이 다가올 시대에 우리의 무기가 되어야 합니다. 우리는 모든 것을 빼앗기고 있습니다. 우리의 집, 우리의 들판, 우리의 일자리, 우리의 강, 우리의 전기, 우리의 저항권, 우리의 존엄성이 박탈당하고 있는 것입니다.

이런 일은 단지 인도에서만 일어나는 게 아닙니다. 전 세계의 가난한 나라들이 전부 이런 사태를 경험하고 있습니다. 그리고 이에 대한 반응으로 가난한 사람들은 세계적 봉기로 일어서고 있습니다.

기업이 주도하는 세계화 과정의 정점이라 할 만한 사건이 현재 이라크에서 벌어지고 있습니다.

무장한 미군 수천 명이 인도의, 차티스가르의 가두를 순찰하면서 우리가 어디에 가고, 누구를 만나고, 무슨 생각을 해야 할지를 결정한다면

조직. 차티스가르 해방 전선 Chhattisgarh Liberation Front을 의미한다.

우리의 기분이 어떨지 한 번 생각해 보십시오.

미국의 이라크 점령과, 우리의 들판, 가정, 강, 일자리, 기간 시설, 자연자원을 강탈하는 행위가 동일한 과정의 산물이라는 점을 이해하는 것이 절대적으로 필요합니다. 그렇기 때문에 기업이 주도하는 세계화에 저항하는 모든 투쟁은, 인간의 권리와 존엄성을 목표로 하는 모든 투쟁은 미국의 점령에 저항하는 이라크 민중을 지지해야 합니다.

인도는 1947년에 영국의 지배에서 독립을 쟁취했습니다. 그러나 여러분 다수의 삶이 구체적으로 크게 나아진 것은 없을 것입니다. 그러나 그럼에도 불구하고 독립이 승리였고, 자유였다는 사실을 우리가 부인해서는 안 될 것입니다. 그런데 50년이 지난 오늘날 이 변변찮은 자유가 위험에 빠지고 있습니다. 이 나라를 노예제로 되돌리는 과정이 1980년대 중반에 시작되었습니다. 차티스가르 무크티 모르차는 이 사실을 인식한 최초의 민중 저항 운동 가운데 하나였습니다. 그리하여 여러분은 오늘날 본보기이자 등대로, 인도 전역에서 희망의 빛으로 우뚝 섰습니다. 아마 전 세계도 그렇게 느낄 것입니다.

인도 정부가 노동법을 훼손하면서 노동자들의 권리를 보호해 주던 공식 구조를 와해시키려고 발 빠르게 움직이던 시절에 차티스가르 무크티 모르차는 정규직과 비정규직, 계약직을 아우르는 전체 노동자 집단의 권리를 위해 투쟁을 강화했습니다. 이 때문에 샹카르 구하 니요기와 적어도 16명의 다른 활동가들이 암살자들과 경찰 총탄에 목숨을 잃거나 살해당했습니다.[1]

인도 정부가 자기는 공중 보건에 관심이 없다는 점을 명백히 했을 때 차티스가르 무크티 모르차는 노동자들의 기부를 바탕으로 훌륭한 샤헤드 병원을 지었습니다. 빈민에게 보건 의료를 제공하는 과제가 긴급하고도 필수적이라는 관심이 환기되었습니다.

국가가 인도 빈민은 일자무식에 형편없는 존재로 남아 있는 게 더 좋다는 점을 명백히 했을 때 차티스가르 무크티 모르차는 노동자의 자녀를 위한 학교를 개설했습니다. 이 학교는 아이들을 단지 교육만 하는 게 아닙니다. 그들에게 혁명적 사상을 심어주어 새로운 세대의 활동가들이 탄생하는 것입니다. 오늘 이 아이들이 우리의 집회를 이끌었습니다. 내일은 저항을 이끌 것입니다. 차티스가르의 노동자와 농민이 이 운동을 이끄는 것은 엄청난 중요성을 갖습니다.

일찍이 차티스가르 무크티 모르차처럼 신제국주의 프로젝트의 본질을 꿰뚫어보고 여기에 맞서 투쟁해 온 민중 운동에 소속된다고 하는 것은 엄청난 책임을 떠맡는 것입니다.

그러나 여러분은 용기와 지혜와 인내심을 발휘하여 여러분이 이 과제를 능히 해낼 수 있음을 입증해 보였습니다. 앞길이 멀고 험하다는 것은 여러분이 저보다 더 잘 아십니다.

작가로서, 한 인간으로서 저는 여러분에게 경의를 표합니다.

랄 조하르[3].

---

[3] 랄 조하르 Lal Johar: 차티스가르 무크티 모르차의 경례. 문자 그대로는 '적색 경례 Red Salute'라는 뜻.

인종주의의 새로운 우화*

Do Turkeys Enjoy Thanksgiving?

작년 1월에 수천 명의 우리는 전 세계에서 브라질의 포르투알레그레에 모여 "다른 세계가 가능하다."라고 거듭 외쳤습니다. 북쪽으로 수천 마일 떨어진 워싱턴에서 조지 부시와 측근들도 똑같은 생각을 하고 있었습니다.

우리의 프로젝트는 세계사회포럼이었습니다. 그들의 프로젝트는, 많은 사람이 "새로운 미국의 세기를 위한 프로젝트"라고 부르는 것을 확대 강화하는 것이었습니다.[1]

몇 년 전만 해도 이런 얘기들은 유럽과 미국의 대도시에서 작은 목소리로 속닥거리는 정도였습니다. 그러나 지금은 사람들이 제국주의의 좋은 면과, 강력한 제국이 무질서한 세계의 치안을 유지할 필요성에 대해 공공연히 얘기하고 있습니다. 새로운 사도들은 정의를 희생시키고 질서를 세우고자 합니다. 인간의 존엄성을 말살하고 규율을 강제하고자 합니

---

* 이 연설은 2004년 1월 14일 인도 뭄바이에서 열린 제4차 세계사회포럼 World Social Forum 에서 행해졌다. 국내에는 녹색평론사의 『9월이여, 오라』에 「새로운 미국의 세기」라는 제목으로 소개되어 있다.

다. 그리고 어떤 대가를 치르더라도 패권을 얻으려고 합니다. 우리 가운데 일부가 기업 언론이 제공하는 '중립적' 무대에서 이 쟁점에 관해 '논쟁해' 달라고 초청을 받기도 합니다. 제국주의에 관하여 토론한다는 것은, 뭐랄까, 강간에 대해 찬반 토론을 하는 것과 같습니다. 우리가 뭐라 말할 수 있겠습니까? 제국주의를 정말 애타게 기다리고 있다고 말할까요?

어쨌든 새로운 제국주의는 이미 우리 앞에 와 있습니다. 한때 우리가 알았던 것과는 달리 근사하게 개조된 모습으로 말입니다. 한나절이면 이 세계를 흔적도 없이 사라져버리게 할 수 있는 최강의 무기를 갖춘 단일한 제국이 역사상 처음으로 완벽하게 일극적인 경제적·군사적 헤게모니를 장악했습니다. 그 제국은 상이한 시장을 개방시키기 위해 상이한 무기를 사용합니다. 신자유주의적 자본주의의 상징이 되고 싶다면 아르헨티나를 보십시오. 여러분이 혹시 그 세계의 망나니라면 이라크처럼 될 것입니다.

제국에 지정학적으로 전략적 가치가 있거나, 일정 규모의 '시장,' 또는 사유화할 만한 사회 기간 시설이 있거나, 불행하게도 석유·금·다이아몬드·코발트·석탄 등 쓸 만한 자연 자원을 보유한 가난한 나라들은 시키는 대로 해야 합니다. 아니면 군사적 목표물이 될 겁니다. 천연자원의 부가 막대한 나라들이 특히 위험합니다. 만약 그들이 상업 기관에 자국의 자원을 자발적으로 내주지 않는다면 국내적 소요가 조장되거나 전쟁이 획책될 것입니다. 보이는 그대로가 전부가 아닌 이 새로운 제국의 시대에 관련 기업의 중역들은 대외 정책 결정에 영향을 미칠 수가 있습니다.

이 잔혹한 청사진이 라틴 아메리카, 아프리카, 중앙아시아, 동남아시아 각지에서 되풀이 사용되어 왔습니다. 그것은 수백만의 삶을 담보로 했습니다. 제국이 수행하는 모든 전쟁이 정의로운 전쟁으로 둔갑합니다. 여기서 기업 언론이 큰 역할을 수행합니다. 기업 언론이 신자유주의 프로젝트를 그저 지지만 하는 게 아니라는 점을 이해하는 게 중요합니다. 기업 언론 자체가 신자유주의 프로젝트인 것입니다. 이것은 기업 언론이 취하기로 작정한 도덕적 태도가 아니라 구조적인 것입니다. 언론의 작동 방식이라는 경제학에 내재되어 있는 고유한 특징인 것입니다.

대다수의 국가가 어느 정도는 불쾌한 가족의 비밀[family secret, 가족 구성원의 일부 또는 전체가 공유하고 있거나, 어떤 목적 때문에 암묵적으로 비밀에 부치는 신념이나 지각]을 갖고 있습니다. 따라서 언론이 거짓말을 할 필요도 없습니다. 무엇을 강조하고 무엇을 무시할지, 다시 말해 편집만 하면 됩니다. 예를 들어, 인도가 정의로운 전쟁의 표적이 되었다고 합시다. 1989년 이후 카슈미르에서 약 8만 명이 살해당했고, 그들 대다수가 무슬림이었으며, 또 그 살육을 인도 보안군이 자행했다(평균해서 1년에 6000명씩 살해했다는 얘기입니다.)는 사실, 2002년 3월에 2000명 이상의 무슬림이 구자라트의 노상에서 살해되었다는 사실, 여성이 윤간을 당했고, 아이들이 산 채로 불태워졌다는 사실, 경찰과 정부가 수수방관하고 가끔은 적극적으로 동참하기도 하는 가운데 약 15만 명의 주민이 고향에서 쫓겨났다는 사실, 이 범죄 행위로 처벌받은 사람이 단 한 명도 없고 그들을 관리감독한 정부가 재선되었다는 사실. …… 이 모든 것이 전쟁 몰이 과정에서 전 세계 신문의 헤드라인을 장식했을 것입니다.

그 다음 순서를 우리는 잘 압니다. 우리의 도시가 크루즈 미사일로 초토화됩니다. 우리의 마을에 가시철조망이 둘러쳐집니다. 미국 군인들이 우리의 거리를 순찰합니다. 나렌드라 모디나 프라빈 토가디아[1]같이 우리의 인기를 한 몸에 받았던 사악한 선동가들이 사담 후세인처럼 미군에 감금되어, 머리에 이는 없는지 이빨은 때웠는지 검사받는 모습이 황금 시간대의 텔레비전에 방송됩니다.

그러나 우리의 '시장'이 활짝 열려 있고, 엔론·벡텔·핼리버튼·아서 앤더슨 같은 기업들이 마음대로 활개 칠 수만 있다면 우리의 '민주적으로 선출된' 지도자들은 민주주의와 다수결주의, 파시즘의 경계를 아무 거리낌 없이 지워버릴 수 있습니다.

비동맹 노선이라는 인도의 자랑스러운 전통을 비겁하게 포기하고 완벽한 동맹(최신 유행하는 표현으로 '태생적 동맹'인데, 인도와 이스라엘과 미국이 '태생적 동맹'이라는 겁니다.)의 선두로 나서고자 한 우리 정부의 노력으로 인해 인도는 국가의 적법성을 훼손하지 않고서도 억압적인 정권으로 변모할 수 있었습니다.

정부의 희생자들은 정부가 살해하고 투옥한 사람들만이 아닙니다. 쫓겨나고, 박탈당하고, 평생에 걸쳐 굶주림과 빈곤을 선고받은 사람들도 여기에 포함되어야 합니다. '개발' 프로젝트가 시행되는 과정에서 수백만

---

[1] 프라빈 토가디아 Pravin Togadia: 전직 외과의사로, 사회의 하층 계급을 분기시키는 데 앞장서 온 힌두 우익 선동가. 무슬림을 상대로 증오를 불러일으키는 선동 연설을 해왔다.

명이 생계 수단을 잃었습니다.

테러와의 전쟁의 시대에 빈곤이 교묘하게 테러와 결부되고 있습니다. 기업이 주도하는 세계화의 시대에 빈곤은 곧 범죄입니다. 더욱더 가난해지는 것에 항의하는 행동은 테러입니다. 그리고 이제 인도 대법원은 파업을 벌이는 것이 범죄라고 말합니다.[2] 물론 법원을 비판하는 것도 범죄입니다.[3] 그들은 출구를 봉쇄하고 있습니다.

낡은 제국주의처럼 새로운 제국주의도 자신의 성공을 대행자들의 네트워크에 의존하고 있습니다. 제국에 봉사하는 현지의 부패한 엘리트들이 그들입니다. 우리 모두는 인도에서 엔론이 벌인 추잡한 공작을 알고 있습니다. 당시 마하라슈트라 주 정부는 엔론으로부터 전력을 구매하기로 합의했습니다. 이 계약으로 엔론은 인도 전체 농촌 개발 예산의 60퍼센트에 상당하는 이익을 챙겼습니다. 미국 기업 단 하나가 약 5억 명이 사용하게 될 사회 기간 시설 개발 비용을 이윤으로 보장받은 것입니다!

새로운 제국주의자들은 과거와는 달리 말라리아나 설사병, 또는 조기 사망의 위험을 무릅쓰면서 열대 지방을 탐험할 필요가 없습니다. 새로운 제국주의는 이메일로 수행될 수 있습니다. 직접 발로 뛰는 과거 제국주의의 야비한 인종차별은 진부한 것입니다. 새로운 제국주의의 초석은 새로운 인종주의입니다.

"칠면조를 사면하는" 미국의 전통이야말로 새로운 인종차별을 폭로해 주는 상징적 우화가 될 것입니다. 전미칠면조연맹은 1947년 이래 매년 미국 대통령에게 추수감사절용 칠면조를 한 마리씩 선물합니다. 대통령은 매년 관용의 의식을 통해 그 특별한 새를 살려주고는 (다른 놈을 잡아먹습니다.) 대통령의 사면을 받은 그 선택된 칠면조는 버지니아 주 프라잉 팬 공원으로 보내져 천수를 누리게 됩니다. 추수감사절용으로 사육된 나머지 5천만 마리는 추수감사절에 잡아먹힙니다. 대통령에게 칠면조를 납품하는 계약을 따낸 콘아그라푸드는 자신들이 그 행운의 칠면조에게 고관대작과 어린 학생들과 언론에 사근사근하게 굴도록 훈련까지 시킨다고 말합니다.(조만간에 녀석들은 영어도 할지 모릅니다!)

기업이 주도하는 새로운 인종주의의 시대는 이렇게 작동합니다. 주의 깊게 선별되어 사육된 소수의 칠면조는 사면과 함께 프라잉 팬 공원 입장권을 받습니다. 여러 국가의 현지 엘리트들, 부유한 이민자 공동체, 투자 은행가들, 가끔은 콜린 파월이나 콘돌리자 라이스 같은 흑인들, 몇몇 가수와 (나 같은) 일부 작가들이 그들입니다. 나머지 수백만 명은 일자리를 잃고, 고향에서 쫓겨나고, 전기와 수도가 끊기고, 에이즈로 죽습니다. 원래 그들은 잡아먹으려고 키운 것이었습니다. 그러나 프라잉 팬 공원으로 이송된 행운의 칠면조들은 잘 지내고 있습니다. 심지어 그 가운데 일부는 국제통화기금과 세계무역기구를 위해 일하기도 합니다. 그러니 누가 감히 이 조직들을 반反칠면조적이라고 비난할 수 있겠습니까? 일부는 칠면조 선발 위원회의 이사로 봉직하기도 합니다. 그러니 누가 감히 칠면조들이 추수감사절에 반대한다고 말할 수 있겠습니까? 칠면조들은 추사감사절에 기꺼이 참여하는 것입니다! 누가 감히 빈민들은 기업이 주도하는 세계화에 반대한다고 말할 수 있겠습니까? 프라잉 팬 공원에 입장하기 위해 난리들입니다. 대다수가 그 와중에 죽어나간들 무슨 대수겠습니까?

새로운 인종주의 프로젝트의 일부로서 우리는 새로운 대량 학살도 경험하고 있습니다. 경제적 상호 의존의 이 새로운 시대에 새로운 대량 학살은 경제 제재에 의해 촉진됩니다. 새로운 대량 학살은, 실제로 출정을 해서 살인을 하지 않고도 대규모 죽음을 야기할 수 있는 상황을 조성하는 것입니다. 1997년부터 1998년 사이에 이라크에서 유엔 인도주의 구호조정관을 지낸 데니스 핼러데이(이후 그는 환멸을 느껴 사임했습니다.)는 대량 학살이라는 용어를 동원해서 이라크의 경제 제재 상황을 설명했습니다.[4] 이라크 경제 제재는 어린이 50만 명 이상의 목숨을 앗아감으로써 사담 후세인의 악행을 능가했습니다.[5]

새로운 시대에 아파르트헤이트(인종 분리 정책)와 같은 공식 정책은 한물갔으며 불필요한 것으로 여겨집니다. 국제적인 무역과 금융 기구들이 다자간 무역법과 금융 협정의 복잡한 체계를 관리 감독합니다. 이로 인해 빈민들은 반투스탄[Bantustan, 남아프리카공화국의 흑인 격리 구역]에서 빠져나올 수가 없습니다. 전반적인 목표는 불공정을 제도화하는 것입니다. 미국이 영국에서 제조된 의류보다 방글라데시에서 제조된 의류에 20배나 더 많은 세금을 부과하는 이유가 달리 무엇이겠습니까?[6] 전 세계 카카오의 90퍼센트를 재배하는 국가들이 초콜릿은 5퍼센트밖에 생산하지 못하는 이유가 달리 무엇이겠습니까? 코트디부아르나 가나 같은 카카오 재배 국가들이 초콜릿을 생산하려고 시도하면 엄청난 관세 부과로 시장에서 퇴출당하는 것은 왜입니까?[7] 자국 농부들에게 보조금으로 하루에 10억 달러 이상을 지출하는 부유한 나라들이 인도와 같은 가난한 국가들에 전기 보조금을 포함해 모든 농업 보조금을 철폐하라고 요구하는 이유는 무엇입니까? 과거에 식민지였던 국가들이 50년 동안이나 약탈을 당하고서도 여전히 그 식민 모국에 빚을 진 채 매년 3820억 달러를 이자로 상환해야 하는 현실은 또 무엇입니까?[8]

이 모든 이유 때문에 칸쿤에서 무역 협정이 좌절된 것은 우리에게 중요했습니다.[9] 우리 정부들이 그 공을 가로채려 했지만 우리는 알고 있습니다. 수많은 나라에서 수백만의 대중이 여러 해 동안 줄기차게 투쟁해 온 결과라는 것을 말입니다. 칸쿤이 우리에게 가르쳐준 것은, 실질적인 타격을 가하고 급진적인 변화를 강제하려면 각 지역의 저항 운동 세력들이 국제적 연대를 건설하는 게 사활적으로 중요하다는 점입니다. 칸쿤에서 우리는 저항을 세계화하는 것이 얼마나 중요한지 배웠습니다.

기업이 주도하는 세계화 프로젝트에 독자적으로 맞설 수 있는 개별 국가는 없습니다. 신자유주의 프로젝트와 맞닥뜨리자 우리 시대의 영웅들이 갑자기 왜소해지는 것을 우리는 거듭 목격했습니다. 비범하고 카리스마적인 저항 운동의 거인들이 권력을 잡고 국가의 수반이 되더니 무기력해져 버렸습니다. 브라질의 룰라 대통령을 말하는 것입니다. 룰라는 작년 세계사회포럼의 영웅이었습니다. 올해 그는 국제통화기금의 정책을 실시하고, 연금 혜택을 축소하고, 노동자당에서 급진파를 쫓아내느라고 바쁩니다. 남아프리카공화국의 넬슨 만델라 전 대통령도 마찬가지입니다. 그는 사유화 계획과 구조 조정 정책을 밀어붙였습니다. 수백만 명이 집을 빼앗겼고, 일자리를 잃었고, 수도와 전기가 끊겼습니다.

왜 이런 일이 일어난 것일까요? 배신감에 가슴을 치면서 후회해 봐야 소용없습니다. 룰라와 만델라는 어느 모로 보나 걸출한 인물들입니다. 그러나 야당 세력에서 정부를 책임지는 위치로 변신하는 바로 그 순간에 그들은 다양한 위협에 포박당하고 맙니다. 이 가운데서 가장 사악한 것이 자본을 빼가겠다는 위협입니다. 이 위협 하나면 어떤 정부라도 간단히 제압할 수 있습니다. 지도자의 개인적 카리스마와 투쟁 경력이 기업 카르텔을 제압할 수 있을 것이라는 생각은 자본주의의 작동 방식이나, 그 문제에 있어 권력이 어떻게 작동하는지를 전혀 이해하지 못하는 순진한 태도입니다. 급진적 변화는 정부들끼리 협상해서 얻을 수 있는 게 아닙니다. 오직 민중만이 급진적 변화를 강제할 수 있습니다.

세계사회포럼에는 세계 최고의 지성들이 모입니다. 그리고 그들은 우리 주변에서 무슨 일이 일어나는지를 분석하고 토론합니다. 이런 대화를 통해 우리는 우리가 목표로 삼고 투쟁하는 세계의 비전을 가다듬을 수 있습니다. 세계사회포럼의 활동은 훼손되어서는 안 되는 중요한 과정입니다. 그러나 우리의 모든 에너지가 실제의 정치 활동은 방기한 채 이 과정에만 투입된다면 그동안 세계의 정의를 회복하기 위한 운동에서 아주 중요한 역할을 담당해 온 세계사회포럼이 우리 적들의 자산이 되어 버릴 수도 있습니다. 우리가 긴급하게 토론해야 하는 것은 저항의 전략입니다. 우리는 진짜 목표를 겨냥해, 진정한 전투를 수행하고, 실질적인 타격을 가해야 합니다. 간디의 소금 행진은 단순한 정치 쇼가 아니었습니다. 수천 명의 인도 사람들은 바다까지 행진해서 자신이 사용할 소금을 직접 만드는 단순한 도전 행위를 통해 소금세법을 분쇄했습니다. 그 행위는 영국 제국주의의 경제적 버팀목에 직접적인 타격을 가했습니다. 그 행동은 실질적이었습니다. 우리의 운동은 여러 차례 중요한 승리를 거두었습니다. 그러나 비폭력 저항 운동이 느낌만 좋고 헛방인 정치 쇼가 되지 않도록 우리는 끊임없이 경계해야 합니다. 비폭력 저항 운동은 끊임없이 갈고 닦으면서, 우리의 상상력 속에서 풍부해 질 수 있는 귀중한 무기입니다. 비폭력 저항 운동이 언론의 사진 찍기 이벤트나 단순한 구경거리로 전락하게 내버려둬서는 안 됩니다.

2003년 2월 15일 전 세계 다섯 개 대륙에서 1000만 명이 이라크 전쟁에 반대해 행진한 사건은 대중의 도덕심이 인상적으로 표출된 경이로운 광경이었습니다. 그 사건은 경이로웠지만 충분하지는 않았습니다. 2월 15일은 주말이었습니다. 누구도 하루 종일 일손을 놓고 시위에 참여할 필요가 없었습니다. 휴일 시위로는 전쟁을 저지할 수 없습니다. 조지 부시는 이 사실을 잘 알고 있습니다. 그가 대중의 압도적 의견을 자신감 있게 무시했다는 사실이 우리의 교훈이 되어야 합니다. 부시는 이라크를 점령해 식민화할 수 있다고 믿고 있습니다. 아프가니스탄과 티베트가 그랬고, 체첸이 그러고 있으며, 과거 한때 동티모르가 그랬고, 팔레스타인이 여전히 그런 것처럼 말입니다. 그는 기다리면서 버티기만 하면 된다고 생각합니다. 위기를 먹고사는 언론이 이 위기를 뼛속까지 발라대다가 곧 내팽개치고 다른 곳으로 옮겨갈 것이기 때문입니다. 머지않아 그 시체는 베스트셀러 목록에서 슬그머니 빠지고, 분노했던 우리도 흥미를 잃게 될 것입니다. 부시가 노리는 것이 바로 이것입니다.

우리의 운동은 중요한 세계적 승리를 거둘 필요가 있습니다. 옳다는 것만으로는 충분치 않습니다. 우리의 결의를 확인하기 위해서도 가끔은 뭔가를 쟁취하는 게 중요합니다. 뭔가를 쟁취하려면 뭔가에 합의해야 합니다. 그 뭔가가, 유쾌하게 파당적이고 논쟁적인 우리의 개성을 강제로 꿰맞춰야 하는 청사진처럼 미리 정해진 이데올로기일 필요는 없습니다. 그 뭔가가, 다른 모든 것을 배제한 한두 가지 투쟁 형태로의 조건 없는 충성일 필요도 없습니다. 최소한의 의제를 합의하고 뭉치면 됩니다.

정말이지 우리 모두가 제국주의와 신자유주의 프로젝트에 반대한다면 우리의 시선을 이라크로 돌립시다. 이라크는 이 둘 다의 필연적인 완성입니다. 사담 후세인이 체포되자 상당수의 반전 운동가들이 혼란을 느끼며 물러섰습니다. 사담 후세인이 없어졌으니 세상이 더 나아진 게 아닐까? 그들은 소심하게 묻습니다.

이 문제를 한 번 자세히 들여다봅시다. 미군이 사담 후세인을 체포하자 박수를 보내고, 그리하여 더 나아가 미국의 이라크 침공과 점령을 정당화하는 것은 보스턴의 교살자[Boston Strangler, 1960년대에 활약한 미국의 유명한 연쇄 살인범 앨버드 드 살보를 말한다.]의 배를 갈랐다고 난자범 잭[Jack the Ripper, 19세기 말 영국 런던의 이스트엔드에서 주로 창녀를 살해했던 연쇄 살인범을 신성시하는 것과 같습니다. 사실 지난 25년 동안 그들의 교살과 난자는 합작 사업이었습니다. 그것은 집안싸움입니다. 그들은 더러운 거래를 놓고 사이가 틀어진 사업 파트너들입니다. 잭이 최고경영자입니다.

따라서 우리가 제국주의에 반대한다면 미국의 점령에 반대해야 하지 않을까요? 우리가 제국주의에 반대한다면 미국의 이라크 철수를 지지하고 전쟁으로 야기된 피해에 대해 이라크 국민에게 미국이 배상금을 지급해야 한다는 데에 동의해야 하지 않을까요?

어떻게 우리가 저항을 시작할 수 있을까요? 정말 작은 것에서부터 시작해 봅시다. 그것은 점령에 반대하는 이라크 저항 세력을 **지지하는 것**도 아니고, 정확히 어떤 세력이 저항 운동을 벌이고 있는지 토의하는 것(그들이 과거의 바트당 살인자들인지, 이슬람 근본주의자들인지)도 아닙니다.

우리 자신이 점령에 저항하는 범세계적 세력이 되어야 합니다.

우리의 저항은 이라크 점령의 합법성을 받아들이지 않는 데서부터 시작되어야 합니다. 제국이 자신의 목표를 실질적으로 달성하는 것이 불가능해지도록 행동하는 것이 우리 저항의 내용이 되어야 합니다. 군인들은 교전을 거부하고, 예비군은 복무를 거부하고, 노동자들은 선박과 항공기에 무기를 선적하는 것을 거부해야 합니다. 인도와 파키스탄의 군인들을 이라크로 파견해 자신들의 뒤치다꺼리를 시키려는 미국의 기도를 인도와 파키스탄에 살고 있는 우리가 막아야 합니다.

나는, 이라크 점령을 통해 이윤을 챙기고 있는 주요 기업 두 개를 가려 뽑자고 제안합니다. 우리는 그들이 관여하고 있는 모든 프로젝트를 목록으로 작성할 수 있을 것입니다. 전 세계의 모든 국가 모든 도시에서 그 기업들의 사무소를 확인할 수 있습니다. 우리는 그들을 추적할 수 있습니다. 우리는 그것들을 폐쇄시킬 수 있습니다. 우리의 집단적 지혜와 투쟁의 경험을 결집해 단일한 표적에 집중할 수 있느냐가 문제입니다. 중요한 것은 이기고자 하는 욕망이라고 생각합니다.

'새로운 미국의 세기를 위한 프로젝트'는 불평등을 영속화하고, 어떤 대가를 치르더라도 미국의 헤게모니를 유지하려고 합니다. 그 노력이 종말을 가져온다고 해도 미국은 멈추지 않을 것입니다. 세계사회포럼은 정의와 생존을 요구합니다.

바로 그렇기 때문에 우리는 우리가 지금 전쟁 중임을 인식해야 합니다.

시민 불복종의 의미를 되새기며*

How Deep Shall We Dig?

최근에 카슈미르인 친구 한 명이 제게 카슈미르에서의 삶에 관해 이야기해 주었습니다. 정치 부패와 기회주의는 물론이고 보안군이 예사로 행하는 잔혹 행위에 관해서 말입니다. 폭력이 만연한 사회가 뒤죽박죽으로 삼투된 변방인 카슈미르에서는 군인, 경찰, 정보원, 정부 관리, 사업가는 물론이고 심지어 기자들까지도 서로 만나고, 시간이 흐르면서 점차로 서로가 **되어간**다고 합니다. 제 친구는 끝없는 살육, 계속되는 '실종,' 소곤거림, 공포, 풍문, 실제 사태와 카슈미르인들이 알고 있는 사태와 나머지 우리가 전해 듣는 사태 사이의 말도 안 되는 괴리를 살아가야만 하는

---

* 이 글은 2003년 이 글은 제1회 I.G. 칸I.G. Khan 기념 강연의 원고이다. 강연은 2004년 4월 6일 인도 알리가르Aligarh 소재의 알리가르 무슬림 대학교에서 행해졌다. 강연 내용은 『힌두스탄Hindustan』 2004년 4월 23~24일자에 힌두어로, 『힌두 The Hindu』 2004년 4월 25일자에 영어로 처음 발표되었다. 2004년 4월 25일자 『로스앤젤레스 타임스Los Angeles Times』에 발췌문이 실리기도 했다. 2003년 2월 14일에 살해당한 I.G. 칸에 대해 알고 싶다면, 파르바티 메논Parvathi Menon이 작성한 「열정의 인간A Man of Compassion」을 보시오. 이 글은 『프론트라인Frontline』(2003년 3월 29일~4월 11일)에 실려 있으며, 인터넷 홈페이지 http://www.frontlineonnet.com/fl2007/stories/20030411004511400.htm에서도 볼 수 있다. 「열정의 인간」은 옮긴이가 운영하는 블로그(http://cafe.daum.net/medianetsumbolon)에서 한국어 기사로 읽을 수 있다.

경험을 들려주었습니다. 그는 이렇게 말합니다. "과거에는 카슈미르가 수지맞는 장사였다. 지금 그곳은 정신 병원으로 변해 있다."

그의 얘기는, 생각해 볼수록 인도 전체에도 들어맞는 것 같습니다. 확실히, 카슈미르와 북동부는 정신 병원 내에서도 더 위험한 집단이 수용되어 있는 분리 병동입니다. 그러나 중심부도 사정은 마찬가지입니다. 지식과 정보 사이의 괴리, 아는 것과 듣는 것 사이의 괴리, 모르는 것과 주장되는 것 사이의 괴리, 은폐된 것과 폭로된 것 사이의 괴리, 사실과 추측 사이의 괴리, '실제' 세계와 가상 세계 사이의 괴리로 인해 아무리 정신을 차리려고 노력해도 미치지 않을 수 없는 곳이 되어버린 것입니다. 이런 단절은 가장 비열하고 해악으로 가득한 정치 목표를 달성하기 위해 정교하게 주조된 독약입니다.

이른바 테러 공격이라는 것이 발생해도 정부는 매번 미친 듯이 달려들지만 조사 활동은 거의 또는 전혀 하지 않는 방조죄를 저지릅니다. 2001년 12월 13일 고드라에서 발생한 사바르마티 특급열차 방화 사건, 국회의사당 공격, 2000년 3월 치티싱그푸라에서 일어난 이른바 테러리스트들의 시크교도 학살 사건은 대표적인 몇 가지 사례일 뿐입니다. (나중에 보안군이 사살한 '이른바' 테러리스트들은 무고한 주민으로 밝혀졌습니다. 주 정부는, DNA 검사를 한답시고 가짜 혈액 샘플을 제출했었다는 사실을 나중에 인정했습니다.[11]) 각각의 사건에서 수면으로 부상한 결정적 증거들은 아주 곤란한 문제들을 제기했고, 따라서 그 즉시로 배제되었습니다. 고드라의 경우를 살펴봅시다. 사건이 발생하자마자 내무부 장관은 방화가 파키스탄 정보 기구의 소행이라고 발표했습니다. 비슈와 힌두 파리샤드3)는 그 사건이 휘발유 폭발물을 투척한 무슬림 폭도들의 소행이었다고 말합니다.[2] 중요한 문제들은 여전히 미제인 채로 남아 있습니다. 억측이 끝없이 이어집니다. 모두가 자신이 믿고 싶은 대로 믿어버립니다. 그 속에서 인종 간 증오 범죄를 냉소적이고 조직적으로 획책하는 데에 그 사건이 이용됩니다.

미국 정부도, 9·11 공격과 관련한 거짓말과 허위 정보를 바탕으로 한 나라, 아니 두 나라를 침략했습니다. 어떤 다른 사실이 은폐되고 있는지는 하늘만이 아시겠지요.

인도 정부도 다른 나라뿐만 아니라 자국민을 상대로 동일한 전략을 사용합니다.

지난 10년 동안 경찰과 보안군이 살해한 국민의 수가 수천 명에 이릅니다. 최근에 뭄바이 소속의 경찰관 몇 명이 상관의 '명령'에 따라 자신들이 얼마나 많은 수의 '폭력단원'을 제거했는지를 언론에 공개적으로 밝혔습니다.[3] 안드라프라데시 주는 1년에 평균 약 200명의 '극단주의자'들이 '의문'의 죽음을 당한다고 발표했습니다.[4] 거의 전쟁이나 다름없는 상황에 처해 있는 카슈미르에서는 지난 1989년 이래 약 8만 명이 사망한 것으로 추정됩니다. 수천 명이 그냥 '사라져' 버렸습니다.[5] 실종자 부모 협회의 보고에 따르면, 2003년에 3000명 이상이 사망했는데, 그 가운데

---

3) 비슈와 힌두 파리샤드Vishwa Hindu Parishad; VHP: 말 뜻 그대로는 '세계 힌두교 협회 World Hindu Council.' 힌두교 승려 집단에서 독단적으로 지도자를 임명한다. 상 파리바르의 일원이다.

463명이 군인이라고 합니다.[6] 무프티 모함메드 사이에드 정부가 2002년 10월 '치유책'을 약속하며 집권한 이후에도 구금 중에만 무려 54건의 사망 사고가 발생했다고 실종자 부모 협회는 전합니다.[7] 사람들이 폭력단원, 테러리스트, 모반자, 극단주의자로 분류되고 살해되는 광신적 애국주의의 시대에는 국민을 살해한 자들이 민족의 이익을 수호하는 성스러운 전사인 양 거들먹거리며 활보합니다. 그들은 누구에게도 책임을 지지 않습니다. 실제로 살해당한 사람들이 전부 폭력단원이고, 테러리스트고, 모반자고, 극단주의자라고 해도(절대로 사실이 아닙니다) 그것은 우리 사회의 무언가가 심각하게 잘못되었다는 사실을 알려줄 뿐입니다. 그렇게 많은 사람들이 그렇게 필사적인 시도를 했다니요?

국민을 끊임없이 공격하면서 테러 지배를 일삼는 인도 정부의 관행이 테러방지특별법의 제정으로 제도화되고 말았습니다. 이 법은 열 개 주에서 공표되었습니다. 테러방지특별법의 마구잡이식 조항을 통해 우리는 이 법이 이현령비현령 식의 가혹한 처벌을 일삼으리라는 것을 알 수 있습니다. 정말이지 아무나 처벌할 수 있는 다용도의 만능 법안인 것입니다. 폭발물 소지 혐의로 체포된 알 카에다 요원일 수도 있고, 멀구슬나무 아래서 피리를 분 아디바시일 수도 있고, 여러분이나 저일 수도 있습니다. 이 특별법의 진수는 정부의 입맛에 따라 이 법안이 마음대로 변신할 수 있다는 점입니다. 우리는 지배자들의 묵인 속에서 살고 있습니다. 타밀나두에서는 특별법이 주 정부 비판에 재갈을 물리기 위해 사용되었습니다.[8] 자르칸드에서는 대부분이 가난한 아디바시인 3200명의 주민이 특별법에 의해 마오주의자라며 기소되었습니다.[9] 동부의 우타르프라데시에서는 이 법안이 토지 및 생존권 박탈에 항의하는 사람들을 탄압하기 위해 사용되고 있습니다.[10] 구자라트와 뭄바이에서는 이 법안이 거의 전적으로 무슬림을 탄압하기 위해 사용됩니다.[11] 2002년에 국가가 방조 지원한 집단 학살로 약 2000명의 무슬림이 살해당하고 15만 명이 고향에서 쫓겨난 구자라트에서는 287명이 특별법으로 기소되었습니다. 물론 286명은 무슬림이고, 나머지 한 명은 시크교도입니다![12] 특별법은 경찰 구금 상태에서 받아낸 진술이 사법 증거로 채택되는 것을 허용합니다. 실제로 특별법이 시행되면서 경찰 조사는 경찰 고문으로 대체되었습니다. 더 빠르고 쉬울 뿐만 아니라 결과까지 확실하게 보장해 주기 때문이죠. 국민의 세금을 아낀다는 얘기까지 나오고 있습니다.

2004년 3월에 저는 특별법을 심판하는 민중 법정에 참여했습니다. 이틀 동안 우리는 우리의 놀라운 민주 정체 속에서 어떤 일이 벌어지고 있는지와 관련해서 비참한 증언들을 청취했습니다. 제가 여러분에게 알려드리겠습니다. 경찰서에서 온갖 만행이 벌어지고 있습니다. 경찰은 강제로 오줌을 마시게 하고, 발가벗기고, 모욕하고, 전기 고문을 하고, 담뱃불로 살을 지지고, 항문에 쇠막대기를 꽂고, 죽을 때까지 두드려 패고 있습니다.

전국적으로 수백 명이 투옥되었고, 어린이마저 특별법으로 기소되었습니다. 그들은 보석도 허용되지 않으며 특별법 법정에서의 재판을 기다리고 있습니다. 이 법정은 공개 방청을 허용하지 않습니다. 특별법으로 기소된 사람들 대다수는 두 가지 범죄 가운데 하나로 유죄입니다. 대부분이 달릿이나 아디바시인 그들은 가난합니다. 아니면 그들은 무슬림입니다. 특별법은 일반적으로 인정되는 형법의 원리, 곧 유죄가 입증되기 전까지는 무죄로 추정한다는 원리를 뒤집어 버렸습니다. 특별법하에서 여러분은 무죄를 입증할 수 없을 경우 보석을 받을 수 없습니다. 공식으로 기소되지 않은 범죄 내용과 관련해서 말입니다. 여러분이 저질렀다고 추정되는 범죄의 내용을 몰라도 무죄임을 입증해야 한다는 얘기입니다. 따라서 특별법은 우리 모두를 겨냥하고 있습니다. 엄밀하게 법 해석을 하자면 우리는 기소 대기 중인 국민인 것입니다.

테러방지특별법이 '오용'되고 있다고 믿는 것은 순진한 발상입니다. 오히려 이 특별법은 제정된 이유에 정확히 부합해서 사용되고 있습니다. 물론 말리마트 위원회[4]의 권고사항이 시행된다면 특별법은 곧 쓸모가 없어질 것입니다. 말리마트 위원회는, 특정 내용에서는 통상의 형법이 특별법의 조항들과 일치해야 한다고 권고했습니다.[13] 그렇게 되면 더 이상 형사범은 존재하지 않게 될 것입니다. 전부 테러리스트뿐이겠지요. 정말 말끔하게 정리되는 것 같지 않습니까?

오늘날 잠무카슈미르와 인도의 북동부 주들 다수에서는 육군특별법이 시행되고 있습니다. 이 법안은 군대의 장교는 물론이고 준사관과 하사관까지도 공공의 질서를 해하고 무기를 소지했다는 의심이 들면 누구

---

4) 말리마트 위원회 Malimath Committee: 2000년 11월 인도 정부가 임명한 형사소송 제도 개혁위원회. 케랄라 주와 카르나타카 주의 대법관이었다가 은퇴한 V.S. 말리마트가 이끌었다.

에게라도 무력을 사용할(죽여도 됩니다.) 수 있도록 허용하고 있습니다.[14] 그냥 의심이 들기만 해도 말입니다! 인도에 살고 있는 사람이라면 이런 사태에 환상을 품을 수 없을 것입니다. (보안군이 자행한) 고문, 실종, 구금 중 사망, 강간, 윤간의 사례들을 문서로 읽다 보면 모골이 송연해질 정도입니다. 이 모든 사태에도 불구하고 인도가 국제 사회와 자국의 중간 계급 사이에서 합법적인 민주 국가라는 평가를 받고 있다는 사실은 기적입니다.

육군특별법은, 린리스고 경[Lord Linlithgow, 1936년 4월부터 1943년 4월까지 인도 총독]이 인도 포기 운동을 탄압하기 위해 1942년 8월 15일에 통과시킨 법령을 개악한 것입니다. 이 법은, 1958년에 '소요 발생 지역'으로 선언된 마니푸르의 여러 지방에서 시행되었습니다. 1965년에는 당시 아삼의 일부였던 미조람 전체가 '소요 사태' 지역으로 선포되었습니다. 1972년에는 이 법령이 트리푸라까지 확대 실시되었습니다. 그리고 1980년에는 마니푸르 전역이 '소요 사태' 지역으로 선포되었습니다.[15] 탄압 정책들이 기대하지 않은 결과를 초래하고 문제를 악화시킬 뿐이라는 사실을 깨닫는 데 어떤 증거가 더 필요합니까?

국민을 탄압하고 죽이려는 이 부당한 열정과, 재판에 회부되어 조사를 받지는 않겠다는 인도 정부의 노골적인 저항은 쌍생아입니다. 증거는 많습니다. 1984년에 델리에서 시크교도 3000명을 죽였습니다. 1993년 뭄바이와 2002년 구자라트에서는 무슬림을 집단으로 학살했습니다. (지금까지 유죄 판결을 받은 사람이 단 한 명도 없습니다.) 몇 년 전에는 자와

할랄 네루 대학교 학생조합 의장이었던 찬드라쉐카르 프라사드를 살해했습니다. 12년 전에는 차티스가르 무크티 모르차의 샹카르 구하 니요기를 살해했습니다. 이것들은 몇 가지 예에 불과합니다.[16] 목격자의 증언과 다수의 유죄 증거로도 충분치 않습니다. 국가 기구 전체가 여러분을 위압하면서 버티고 있기 때문입니다.

한편, 경제학자들은 국내총생산 성장률이 전례 없이 경이적인 수준임을 우리에게 알려주며 기업 언론의 지면에서 환호하고 있습니다. 가게는 소비재로 넘쳐나고 있습니다. 정부의 비축 창고는 곡물로 넘쳐나고 있습니다. 영광의 빛이 미치는 범위 밖에서는 부채를 짊어진 농민들이 수백 명씩 자살하고 있습니다. 전국에서 기아와 영양실조 사례가 보고되고 있습니다. 그러나 정부는 창고에서 6300만 톤의 곡물이 썩어가도록 방치했습니다.[17] 인도 정부가 자국의 빈민들에게 결코 제공하려 하지 않았던 헐값에 1200만 톤의 곡물이 수출되었습니다.[18] 저명한 농업 경제학자 우차 파트나이크가 공식 통계를 바탕으로 한 세기 가까이 인도에서 곡물이 생산되고 소비된 현황을 검토해 보았습니다. 그녀는 1990년대 초부터 2001년 사이의 곡물 소비가 2차대전 연간보다 더 낮은 수준으로 떨어졌다고 밝혔습니다. 2차대전 연간에는 300만 명이 기아로 사망한 그 끔찍했던 벵골 대기근이 발생했었는데도 말입니다.[19] 아마르티아 센 교수의 저작을 통해 우리가 알고 있는 것처럼, 민주 국가는 아사자를 좋아하지 않습니다. 이른바 '자유 언론'은 굶어 죽은 사람들에게 적대적인 논평을 퍼붓습니다.[20] 그래서 요즘에는 영양실조와 상시적 굶주림을 위험스런 수준으로 유지하는 게 선호되고 있습니다. 인도의 3세 이하 아동 47퍼센트가 영양실조이고, 46퍼센트가 발육이 정지된 상태입니다.[21] 우차 파트나이크의 연구는, 인도 농촌 인구의 약 40퍼센트가 사하라 이남 아프리카와 동일한 수준으로 곡물을 소비하고 있다고 밝히고 있습니다.[22] 오늘날 평균적인 농촌 가구는 1990년대 초보다 식량을 1년에 100킬로그램 더 적게 소비하고 있습니다.[23]

그러나 인도의 도시 지역 어디를 가더라도 여러분은 텔레비전 수상기를 통해 선거 공약이 이미 실현되었음을 봅니다. 가게에서, 식당에서, 철도역에서, 공항에서, 체육관에서, 병원에서 말입니다. 인도는 밝게 빛나고 있고, 호시절을 향유하고 있습니다.[India's Shining, Feeling Good; '밝게 빛나는 인도'는 인도국민당의 선거 구호였다.] 여러분은 경찰관의 부츠가 누군가의 가슴을 짓밟는 역겨운 장면에 귀를 막기만 하면 됩니다. 여러분은 더러움, 빈민가, 노상의 남루한 사람들을 외면하고 다정한 텔레비전 수상기를 보기만 하면 됩니다. 그렇게 하면 여러분은 아름다운 세계에 계실 수 있습니다. 계속해서 골반을 흔들어대는 볼리우드[Bollywood, 인도 영화계]의 춤추고 노래하는 세상, 항구적 특권 속에서 영원히 행복한 인도인들이 국기를 휘두르며 만족을 느끼는 세상 말입니다. 어떤 것이 진짜 현실이고, 어떤 것이 가짜 현실인지를 말하기가 점점 더 어려워지고 있습니다. 테러방지특별법과 같은 법안들은 텔레비전에 붙어 있는 버튼과도 같습니다. 가난한 사람들, 귀찮은 문제, 쓸모없는 것들은 꺼버리면 됩니다.

인도에서 새로운 분리주의 운동이 일어나고 있습니다. 그것은 낡은 분리주의가 자리바꿈을 한 것입니다. 실제로는 완전히 다른 경제, 완전히 다른 국가, 완전히 다른 행성의 일부인 사람들이 이 세계의 일부인 체하고 있습니다. 새로운 분리주의 속에서 소수의 사람들이 다수의 사람에게서 모든 것 곧 토지, 강, 수자원, 자유, 안전, 존엄, 기본적 권리, 저항권을 빼앗음으로써 거대한 부를 축적하고 있습니다. 새로운 분리주의는 수평적, 지역적 분리주의가 아니라 수직적 분리주의입니다. 새로운 분리주의는 인도에서 빛나는 인도를 분리해 내는, 공공의 인도에서 사영의 인도를 분리해 내는 진정한 구조 조정입니다.

새로운 분리주의 속에서 사회 기반 시설이, 생산적 공공 자산——수자원, 전기, 운송 체계, 통신, 보건, 교육, 자연 자원——이, 인도 정부가 국민의 신탁 속에서 보유하고 있는 것으로 여겨지던 재산이, 수십 년 동안 공공 자금으로 건설되고 유지되었던 자산이 국가에 의해 사영 기업들에게 팔리고 있습니다. 인도에서는 전체 인구의 70퍼센트인 7억 명이 농촌에 살고 있습니다.[24] 그들의 생활은 자연 자원의 이용에 의존합니다. 이것들을 빼앗아서 사기업들에 매각해 버리자 야만적 규모의 박탈과 빈곤이 발생하기 시작했습니다.

주식회사 인도는 몇몇 기업들과 주요 다국적 기업들에 종속되고 있습니다. 이 회사들의 최고경영자들이 이 나라를, 이 나라의 사회 기반 시설을, 이 나라의 자원을, 이 나라의 언론과 기자들을 통제할 것입니다. 국민은 아무것도 갖지 못하겠지요. 그들은 법률적으로, 사회적으로, 도덕적으로, 정치적으로 책임질 일이 하나도 없습니다. 인도에서 이들 소수의 최고 경영자들이 수상보다 더 막강한 권한을 갖고 있다고 말하는 사람들은 사태를 정확히 꿰뚫고 있는 것입니다.

이 모든 것의 경제적 의미는 제쳐놓읍시다. 기적, 효율, 경이(절대로 사실이 아닙니다.)라는 말로 상찬 된다고 할지라도 우리가 그런 변화의 **정치 논리**를 받아들여야 합니까? 인도 정부가 자신의 책임을 한 줌도 안 되는 기업들에게 저당 잡히기로 했다면 선거 민주주의가 완전히 무의미해지는 것입니까? 선거 민주주의가 여전히 떠맡아야 할 역할이 있기는 한가요?

(결코 자유롭지 못한) 자유 시장은 국가를 필요로 합니다. 그것도 사악한 방식으로 말이지요. 가난한 나라들에서 부자와 빈민의 격차가 커지면서 국가는 자신의 임무를 부자들에게로 한정해 버렸습니다. 막대한 이윤을 보장해 줄 '달콤한 거래'를 찾아 배회하는 기업들은 저개발 국가에서 국가 기구의 적극적 공모가 없이는 계약을 따낼 수도, 개발 프로젝트를 집행할 수도 없습니다. 오늘날 기업이 주도하는 세계화는 빈곤국들의 충성스럽고, 부패했으며, 가급적 권위주의적인 정부들의 국제 동맹을 필요로 합니다. 국민이 지지하지 않는 '개혁'을 밀어붙이고 반란을 진압하려면 당연한 일이지요. 그런 과정은 '투자 우호 환경을 조성하는 일'로 묘사됩니다.

투표를 할 때 우리는 국가의 강압적 권한을 어느 정당에 부여해야 할지를 선택하는 셈입니다.

현 시기 인도에서 우리는 신자유주의적 자본주의와 자민족 중심의 새로운 파시즘이라는 위험한 반동을 헤쳐 나가야 합니다. 자본주의라는 말이 그 광채를 아직 완전히 잃어버리지는 않았기 때문에 파시즘이라는 말을 사용하면 자주 공격을 받습니다. 따라서 우리는 스스로에게, 우리가 그 말을 부정확하게 사용하고 있는지, 우리가 상황을 과장하고 있는지, 우리가 일상으로 경험하는 현실이 파시즘이라고 할 수 있는지를 자문해 보아야 합니다.

2000명 가까운 사람들이 잔인하게 살해당한 소수 민족에 대한 집단 학살을 정부가 얼마간 공개적으로 지지했다면 그것은 파시즘입니까? 그 민족의 여성들이 공공장소에서 강간을 당하고 산 채로 불태워졌다면 그것은 파시즘입니까? 당국이 결탁해 이 범죄 행위를 전혀 처벌하지 않았다면 그것은 파시즘입니까? 15만 명이 고향에서 쫓겨나고 고립 지역에 유폐되어 사회적 경제적으로 배척되고 있다면 그것은 파시즘입니까? 전국에 걸쳐 증오를 조장하는 정치 캠프를 운영하는 문화 결사체가 수상, 내무부 장관, 법무부 장관, 투자 장관에 대한 존경과 숭배를 명령하고 있다면 그것은 파시즘입니까? 항의하는 화가, 작가, 학자, 영화제작자들이 매도당하고, 위협받고, 그들의 작품이 불태워지고, 판금당하고, 파괴된다면 그것은 파시즘입니까? 정부가 역사 교과서의 독단적 변경을 요구하는 명령을 발표한다면 그것은 파시즘입니까? 폭도들이 고대의 역사 문헌 보관소를 공격해 불태우고, 온갖 잡다한 정치꾼들이 전문적인 중세 역사가나 고고학자 행세를 해대고, 수고스런 지적 작업의 결과가 근거도 없는 선동적 주장으로 쓰레기 취급을 받는다면 그것은 파시즘입니까? 살인, 강간, 방화, 폭도의 정의가 권력 집단과 거기 소속된 지식인들에 의해 사태에 대한 적절한 대응이었다며 묵과되거나 수 세기 전에 행해진 역사적 과오로 이해된다면 그것은 파시즘입니까? 중간 계급과 부자들이 잠시 멈춰서 혀를 차고는 다시 그들의 삶을 이어간다면 그것은 파시즘입니까? 이 모든 사태와 과정을 관장하는 수상이 미래상을 제시하는 위대한 정치인으로 환영을 받고 있다면 우리가 파시즘이 만개할 토대를 놓고 있는 것은 아닌지요?

억압당하고 패배한 자들의 역사가 대부분 기록으로 남지 않았다는 사실은 사바르나 힌두교[5]에만 적용되는 진리가 아닙니다. 역사적 부당함에 복수를 하는 정치를 우리가 선택하면 인도의 달릿과 아디바시들이 살인과 방화와 무자비한 파괴의 권리를 갖습니까?

러시아에는 과거를 예측할 수 없다는 말이 있습니다. 역사 교과서와 관련한 최근의 경험을 통해 인도에 사는 우리도 그 금언이 얼마나 타당한지를 알게 되었습니다. 이제 온갖 종류의 '사이비 세속주의자'들이, 바브리 마스지드를 발굴하는 고고학자들이 람 사원 유적을 발견하지 못하기를 희망하기에 이르렀습니다. 그러나 인도에 존재하는 모든 회교성원 밑에 힌두 사원이 존재한다고 할지라도 다시 그 지하에 무엇이 있을지 누가 알겠습니까? 어쩌면 또 다른 신을 모시는 또 다른 힌두 사원일 수도

---

[5] 사바르나 힌두교 Savarna Hinduism: 달릿과 이른바 하층 카스트를 배제하는 카스트 힌두 사회의 분파.

있고, 불교 유적일 수도 있겠지요. 가장 가능성이 높은 것은 아디바시 사원일 것입니다. 역사는 사바르나 힌두교와 함께 시작되지 않았을 것입니다. 우리가 얼마나 깊이 파야 할까요? 우리가 얼마나 많은 것을 뒤집어 엎어야 합니까? 사회적·문화적·경제적으로 인도의 분리할 수 없는 일부인 무슬림이 국외자이자 침략자로 불리면서 잔혹하게 표적이 되고 있는 가운데 정부가 지난 수 세기 동안 우리를 식민 착취한 정부와 발전 원조를 위한 기업 거래와 계약에 바삐 서명을 하는 이유는 무엇입니까? 대기근이 몰아닥쳤던 1876년부터 1892년 사이에 인도인 수백만 명이 굶어 죽었습니다. 바로 그때 영국 정부는 영국 본토로 식량과 천연자원을 계속해서 수출했습니다. 역사 기록에 따르면 당시에 1200만 명에서 2900만 명이 죽은 것으로 전해집니다.[25] 이 사실이 복수의 동기 어딘가에 분명히 위치해야 하는 것 아닙니까? 복수가, 그 희생자들을 표적으로 삼기 쉽고 약점이 있을 때만 재미로 하는 것은 아니지 않습니까?

파시즘이 성공하려면 고된 작업이 필요합니다. 우호적인 투자 환경을 조성하는 일도 마찬가지입니다. 이 두 가지가 함께 잘 협력할까요? 역사적으로 볼 때, 기업들은 파시스트를 두려워하지 않았습니다. 지멘스, I.G. 파르벤, 바이엘, IBM, 포드 같은 기업들이 나치와 사업 관계를 유지했습니다.[26] 더 최근에는 인도산업연맹이 2002년에 집단 학살을 자행한 구자라트 주 정부와 사업을 논의하면서 자신들의 품위를 떨어뜨렸습니다.[27] 우리의 시장이 열려 있는 한 사소한 토착 파시즘은 우호적인 사업 거래를 방해하지 않을 것입니다.

재정 장관 만모한 싱이 신자유주의자들에게 인도의 시장을 개방하던 당시에 L.K. 아드바니가 첫번째 라트 야트라를 개시해 민족 간 증오의 열정에 불을 지피면서 우리를 새로운 파시즘으로 무장시키기 시작했다는 사실은 무척이나 흥미롭습니다. 1992년 12월에 성난 폭도들이 바브리 마스지드를 파괴했습니다. 1993년에 마하라슈트라 주의 의회당 정부는 엔론과의 전력 구매 계약 안에 서명을 했습니다. 그것은 인도 최초의 민간 전력 사업안이었습니다. 곧 재앙으로 판명난 엔론과의 계약은 인도에서 사유화 시대의 출발을 알렸습니다. 의회당이 방관자로 전락해 투덜거리고 있는 지금은 인도국민당이 바통을 이어받았습니다.* 정부는 놀랍게도 두 개의 관현악단을 지휘하고 있습니다. 한쪽에서는 국가의 재산을 대규모로 매각하면서 다른 한쪽에서는 주의를 돌리기 위해 광포한 민족주의의 합창을 드높이고 있는 것입니다. 전자의 무자비한 실행은 곧바로 후자의 광기로 되먹임 됩니다.

---

* 2004년 5월에 우파 인도국민당이 이끈 선거 연합은 권력에서 배제되었다. 단순히 선거에서 진 정도가 아니라 인도의 유권자들이 그들을 완전히 외면해 버린 것이다. 어떤 정치 논평가도 민족 간 증오 조장과 신자유주의 경제 '개혁'에 압도적 반대표가 나오리라고 예상하지 못했다. 그러나 축하도 좋지만 노골적인 힌두 민족주의 이외의 다른 모든 주요 쟁점——핵폭탄, 대규모 댐, 사유화——에서 새로 선출된 의회당이 BJP와 중요한 이데올로기적 차이를 전혀 갖고 있지 않다는 사실을 우리는 알아야 한다. 우리를 BJP 통치의 공포로 이끈 것이 의회당의 유산이었다. 물론 정권 교체가 기쁜 일이기는 하다. 명백히 어둠의 한 시대가 일단락되었기 때문이다. 어쩌면? 의회당은 정부를 구성하기도 전에 '개혁'이 지속적으로 추진될 것임을 재확인했다. 정확히 어떤 종류의 개혁인지는 지켜보아야 할 것이다. 다행스러운 것은, 의회당이 정부를 구성하기 위해 과반수를 차지하려면 좌파 정당들——(비록 별 힘을 쓰지는 못하지만) 개혁을 분명하게 비판하는 유일한 정당들——의 지지가 필요하다는 사실이다. 좌파 정당들은 전례가 없는 사명을 부여받았다. 희망적이게도 사태는 바뀔 것이다. 조금이겠지만. 정말이지 소름끼치는 6년 세월이었다.

경제적으로도 이 이중의 관현악단은 실용적입니다. 무차별적 사유화 과정에서 발생하는 막대한 이윤의 일부('빛나는 인도'의 이자)가 힌두트바[6]의 거대한 군대, 곧 RSS, VHP, 바지랑 달, 그 외에도 학교와 병원을 운영하고 사혜적 혜택을 제공하는 기타 수많은 자선 기관과 단체들에 자금으로 지원됩니다. 이 속에서 그들은 전국적으로 수만 명의 세포 전사들을 보유합니다. 그들은, 기업이 주도하는 세계화 프로젝트 속에서 끊임없는 빈곤과 박탈이 야기하는 버거운 좌절감을 증오로 설교합니다. 그들은 가난한 자들이 가난한 사람을 상대로 행하는 폭력에 기름을 붓습니다. 권력 구조를 온존시키는 완전한 차단막인 것입니다.

그러나 민중의 좌절감을 폭력 행위로 이끈다고 사태가 끝나는 것은 아닙니다. 투자 우호 환경을 조성하기 위해 국가가 직접 개입해야 하는 일도 많습니다.

최근에 경찰은 대부분이 아디바시인 비무장의 평화 시위대에 반복적으로 발포를 했습니다. 자르칸드 주 나가르나르에서, 마디아프라데시 주의 멘디케다에서, 구자라트 주의 우메르가온에서, 오리사 주의 라이아가라와 칠리카에서, 케랄라 주의 무탕가에서 말입니다. 민중은 무단으로 삼림 지대에 들어갔다는 이유로 살해당했습니다. 그들이 댐과 광산 개발과 철강 공장으로부터 숲을 보호하려고 했는데도 말입니다.

탄압은 끝없이 이어집니다. 잠부드윕, 카시푸르, 마이칸지. 거의 모든

---

[6] 힌두트바 Hindutva: '힌두의 정체성'을 강화하고 힌두교 국가를 세우려는 이데올로기. BJP, 쉬브 세나 Shiv Sena, 기타 힌두 민족 중심주의 정당들이 이 이데올로기를 옹호하고 있다.

경찰 발포 사례에서 피격당한 사람들은 무장 괴한이라고 불립니다.

희생자들이 희생자이기를 거부하면 테러리스트가 되고 그렇게 취급받습니다. 테러방지특별법이 불찬성이라는 질병을 다스리는 광범위한 항생제로 사용됩니다. 그 외에도 구체적인 추가 조치가 취해집니다. 언론의 자유, 파업권, 생존 및 복지의 권리를 사실상 박탈하는 법원 판결이 그것입니다.

올해 유엔에서 181개국이 테러와의 전쟁이 계속되어도 인권 보호책을 증대하자는 결의안에 찬성했습니다. 미국마저도 그 결의안에 찬성표를 던졌습니다. 인도는 기권했습니다.[28] 인권에 대한 전면적인 공격이 펼쳐지고 있습니다.

그렇다면 보통 사람들이 점점 더 폭력적으로 변해 가는 국가의 공격에 어떻게 대응할 수 있을까요?

비폭력 시민 불복종의 공간이 위축되었습니다. 여러 해 동안 투쟁해 온 다수의 비폭력 민중 저항 운동이 벽에 부딪쳤습니다. 그들은 이제 방향을 바꿔야만 한다고 느끼고 있습니다. 그 방향이 어떠해야 하는가를 놓고 견해가 크게 엇갈리고 있습니다. 일부는 무장 투쟁만이 남은 유일한 방법이라고 믿고 있습니다. 광대한 영토인 카슈미르와 북동부 지방은 제쳐놓더라도 자르칸드, 비하르, 우타르프라데시, 마디아프라데시의 전역이 이런 견해를 가진 사람들에 의해 장악되었습니다. 다른 쪽으로는, 점점 더 많은 사람이 선거 정치에 참여해야 한다고 느끼고 있습니다. 체제로 진입해서 내부 개혁을 이루자는 태도입니다. (카슈미르의 민중이

직면한 선택과 유사하지 않습니까?) 양쪽의 방법이 현격하게 다르지만, 투박하게 말해서, 그들이 이제는 됐다는 믿음을 공유하고 있다는 사실을 명심해야 할 것입니다.

인도에서 벌어지고 있는 논쟁 가운데 이것보다 더 중요한 것은 없습니다. 논쟁의 결과는 좋은 쪽으로든 나쁜 쪽으로든 이 나라의 삶의 질을 바꾸어놓을 것입니다. 부자와 빈민, 농촌과 도시 모두의 삶을 말입니다.

무장 투쟁은 더한층 대규모 국가 폭력을 불러일으킵니다. 우리는 카슈미르와 북동부 전역에서 무장 투쟁으로 빚어진 난국을 지켜보았습니다.

그렇다면 우리의 수상이 우리에게 하라고 암시하는 것을 우리가 해야 할까요? 이의 제기를 포기하고 선거 정치판에 들어갈까요? 지방 순회 유세에 가담할까요? 거의 절대적인 교감을 은폐하는 데 봉사할 뿐인 의미 없는 모욕적 언사를 과장되게 교환하는 짓거리에 참여할까요? 핵폭탄, 대형 댐, 바브리 마스지드 논쟁, 사유화 등 모든 주요 쟁점에서 의회당이 씨를 뿌렸고, 국민당이 흉측한 열매를 거두었다는 사실을 잊지 말도록 합시다.

의회가 아무 의미가 없고 선거도 무시해 버려야 한다는 말은 아닙니다. 파시즘 경향의 자민족 중심주의를 노골화하는 정당과 기회주의적인 자민족 중심주의 정당 사이에는 당연히 차이가 있습니다. 공개적으로 당당하게 증오를 선동하는 정치와 교활하게 국민을 이간질시키는 정치 사이에는 당연히 차이가 있습니다.

그러나 하나의 유산이 다른 하나의 참극으로 우리를 이끌었습니다. 그 둘은 의회 민주주의가 제공해야만 하는 진정한 선택을 모조리 훼손해 버렸습니다. 선거를 중심으로 연출되는 장터와 같은 열광은 언론의 집중 조명을 받습니다. 누가 이겨도 현 상태가 근본적으로 도전받지는 않으리라는 것을 모두가 잘 알기 때문입니다. (의회에서 아무리 감동적인 연설을 하는 정당일지라도 그들의 선거 유세에서 제일 중요한 안건이 테러방지 특별법 폐지는 아닌 것 같습니다. 사실 그들 모두가 어떤 형태로든 특별법을 필요로 합니다.) 우파, 좌파, 중도파를 막론하고 선거 기간이나 야당 시절에 무슨 말을 했다 할지라도 신자유주의의 전횡을 억제하는 데 나선 정부와 정당은 없었습니다. 앞으로도 '내부로부터의' 급진적 변화는 전혀 기대할 수 없을 것입니다.

저 개인적으로는 선거 판에 뛰어드는 것이 대안적 정치의 길이 될 수 없다고 생각합니다. '정치는 더러운 것'이라느니, "모든 정치인은 썩었다."는 등의 중간 계급적 결벽 때문이 아닙니다. 그보다는 약점보다는 강점을 바탕으로 전략적 전투를 수행해야만 한다고 제가 믿기 때문입니다.

신자유주의와 자민족 중심주의적 파시즘이라는 이중의 공격이 겨냥하는 표적은 빈민과 소수 민족입니다. 신자유주의가 부자와 빈민, 빛나는 인도와 그냥 인도 사이에 쐐기를 박아넣고 있기 때문에 주류 정당들이 부자와 빈민 모두의 이익을 대변하는 체하는 것이 점점 더 터무니없는 짓으로 비치기 시작했습니다. 하나의 이익은 오직 나머지 하나의 이익을 희생시킴으로써만 가능합니다. 부유한 인도인(내가 그런 존재를 추구한다면)이라는 나의 '이해관계'는 안드라프라데시 주의 가난한 농민의 이해관계와 결코 일치할 수가 없습니다.

빈민을 대변하는 정당은 가난한 정당일 것입니다. 정치 자금이 부족한 정당일 것입니다. 오늘날 선거를 돈 없이 치른다는 것은 불가능합니다. 저명한 사회 운동가 몇 명을 의회에 진출시키는 것은 기분 좋은 일입니다. 그러나 정치적으로는 별다른 의미가 없을 것입니다. 우리의 모든 정력을 바칠 만큼 가치 있는 과정이 아닌 것입니다. 개인적인 카리스마나 정치가의 개성이 급진적 변화를 가져오지는 못합니다.

그러나 가난하다고 약한 것은 아닙니다. 가난한 자들의 강점은 사무실이나 법정 안에 있지 않습니다. 그들의 강점은 옥외에 있습니다. 이 나라의 들판, 산, 강 유역, 도시의 가두, 대학 캠퍼스에 그들의 강점이 있는 것입니다. 협상이 이루어져야 하는 곳은 바로 이곳입니다. 전투가 수행되어야 하는 곳이 바로 이곳입니다.

그런 공간이 지금 힌두교 우익에게 넘어가 버렸습니다. 그들의 정략과 관련해 무얼 생각해 보더라도 그들이 옥외에서 아주 열심히 활동하고 있다는 사실을 부인할 수는 없을 것입니다. 국가가 자신의 책임을 방기하고 보건, 교육, 필수적 공공 혜택의 기금을 축소하면서 상 파리바르의 보병들이 그 자리를 대체했습니다. 그들은 치명적인 선전을 퍼뜨리는 수만 명의 세포 전사들을 거느리고 있을 뿐만 아니라 학교, 병원, 구급차, 재난 관리 체계도 운영하고 있습니다. 그들은 무력하다는 것이 뭔지를 잘 이해하고 있습니다. 그들은 사람들, 특히 힘이 없는 사람들이 실용적이고 평범한 일상의 요구는 물론이고 정서적이고, 영적이며, 기분을 전환해 주는 필요와 욕구도 갖는다는 사실까지 잘 알고 있습니다. 그들은 분노, 좌절, 일상생활의 냉담함——다른 미래에 대한 꿈까지도——을 치명적인 목표에 따라 혹독한 시련으로 바꾸어놓았습니다. 한편, 기존의 주류 좌파는 여전히 '권력 장악'을 꿈꾸면서도 기괴할 정도로 완고한 태도를 고수하는 가운데 당면한 문제에 대응하지 않고 있습니다. 주류 좌파는 스스로를 옭아맸고, 범접할 수 없는 지식인들만의 공간으로 퇴각해 버렸습니다. 거의 알아들을 수 없는 고색창연한 문구들로 낡은 논쟁이 제출된 뿐인 것입니다.

상 파리바르의 파상공세에 맞서 도전이라고 할 만한 것을 제기하는 유일한 집단은 전국에 걸쳐 분출하는 민초들의 저항 운동입니다. 그들은 우리 시대의 '발전' 모형이 가져온 박탈과 기본적 권리의 침해에 맞서 싸우고 있습니다. 이들 대부분의 운동이 고립되어 있습니다. 그들은 '외국에서 돈을 받는 간첩들'이라는 무자비한 비난을 받고 있지만 실제로는 돈도 자원도 거의 없는 상태에서 활동하고 있습니다. 그들은 위대한 소방수들입니다. 그들에게는 퇴로가 없습니다. 그러나 그들은 대중의 진정한 목소리에 귀를 기울이고 있으며, 냉혹한 현실과 끊임없이 접촉하고 있습니다. 그들이 단결하고, 지지를 받아 강력해진다면 고려하지 않을 수 없는 세력으로 성장할 수 있을 것입니다. 그들이 수행하는 전투는 이상을 제시해야 합니다. 완고한 이데올로기 전투가 되어서는 안 됩니다.

기회주의가 만연하는 시대에, 희망이 실종된 것처럼 보이는 시대에, 모든 것이 냉혹한 사업 거래로 환원되고 마는 시대에 우리는 용기를 내서 꿈을 꾸어야 합니다. 낭만주의를 회복해야만 합니다. 정의와 자유와 고귀함을 믿는 낭만주의 말입니다. 모두가 그래야 합니다. 우리는 우리의 요구를 제출해야 합니다. 그렇게 하려면 이 낡고 거대한 체제가 어떻게 작동하는지를 먼저 이해해야 합니다. 국가 기구가 누구에게 봉사하고, 누구는 배제하는지 말입니다. 누가 비용을 치르고, 누가 이익을 얻는지 말입니다.

고립된 채 전국에서 단일 쟁점 투쟁을 벌이던 많은 비폭력 저항 운동 세력이 각자의 특수한 정치학만으로는 더 이상 충분치 않다는 것을 깨달았습니다. 그들이 궁지에 몰렸고 무력하다는 느낌만으로 전략으로서의 비폭력 저항을 포기해서는 안 됩니다. 하지만 진지한 자기반성은 필요합니다. 우리에게는 미래상이 필요합니다. 민주주의를 회복하기를 원한다고 말하는 우리 자신의 활동 방식에서 먼저 평등과 민주주의를 만들어내야 합니다. 만약 우리의 투쟁이 이상을 제시하지 못한다면 우리가 서로에게, 여성에게, 어린이에게 저지르는 내부적 불의도 제어하지 못할 것입니다. 예를 들어, 자민족 중심주의에 맞서 싸우는 사람들이 경제적 불의에 눈을 감을 수는 없는 것입니다. 댐이나 개발 계획에 맞서 싸우는 사람들이 자민족 중심주의나 카스트 정치학을 무시할 수는 없는 것입니다. 당면 투쟁의 단기적 승리를 희생할지라도 말입니다. 기회주의와 편의주의가 우리의 신념을 훼손한다면 우리와 주류 정치인을 구분할 수 있는 아무런 기준도 남지 않게 됩니다. 우리가 원하는 것이 정의라면 모두의 정의,

모두의 동등한 권리여야 합니다. 특별한 이해관계를 갖는 특수 이해 집단만을 위한 것이어서는 안 됩니다. 이것은 타협할 수 있는 문제가 아닙니다.

우리는 비폭력 저항이 느낌만 그럴싸한 정치 무대로 별 볼일 없이 위축되어 가도록 내버려두었습니다. 기성의 정치 무대는 잘해야 언론에 사진이 나오는 정도고, 최악의 경우 그저 무시당하기 일쑤입니다.

우리는 경각심을 갖고 긴급히 저항의 전략을 토론해야 합니다. 우리는 진정한 전투를 수행해 진짜 타격을 가해야 합니다. 우리는 간디의 소금 행진이 결코 단순한 정치 쇼가 아니었다는 사실을 명심해야 합니다. 그것은 영국 제국의 경제적 버팀목에 타격을 가한 행위였습니다.

우리는 정치의 의미를 재정의해야 합니다. 시민 사회의 독창성을 '비정부 기구의 틀에 가두려는 행위'는 우리를 정반대 방향으로 이끌고 있습니다. 비정부 기구는 우리를 탈정치화 시키고 있습니다. 우리를 원조와 동냥에 의존하도록 만들고 있는 것입니다. 우리는 시민 불복종의 의미를 다시 생각해 보아야 합니다.

아마도 우리에게는 로크 사바[Lok Sabha, 인도 국회의 하원] 외부로 달리 선출된 의회가 필요할 것입니다. 그들의 지지와 승인이 없으면 의회가 기능할 수 없는 재야 의회 shadow parliament 말입니다. 지하의 북소리를 유지하고, 온갖 정보(주류 언론을 통해서는 더욱더 접할 수 없게 된)를 공유하는 그림자 같은 의회 말입니다. 우리는, 용감하게 그러나 비폭력적으로, 우리를 소멸시키고 있는 이 기계의 작동 부분들을 무력화시켜야 합니다.

우리에게는 시간이 없습니다. 우리가 말하고 있는 지금 이 순간에도 폭력의 회로가 작동하고 있습니다. 변화는 어느 방향으로도 일어날 것입니다. 그것은 피비린내 나는 것일 수도 있고, 아름다운 것일 수도 있습니다. 미래의 모습은 우리에게 달려 있습니다.

[부록] 함께 우리의 미래를 건설합시다* *How to confront Empire*

우리는 '제국'이 무엇을 의미하는지 분명히 해야 한다. 미국 정부(와 유럽의 졸개 국가들), 세계은행, 국제통화기금, 세계무역기구, 다국적기업들이 제국인가? 제국이 그 이상의 다른 무엇인가? 많은 나라에서 제국은 다른 종속적 기관과, 민족주의·종교적 편견·파시즘·테러리즘 따위의 위험한 부산물을 파생시켰다. 이 모든 기구와 사악한 관념들이 기업 주도의 세계화 계획 속에서 한데 얽혀 전진하고 있다.

무슨 말인지 예를 들어보겠다. 현재 인도는 기업이 주도하는 세계화 계획의 최전선에 서 있다. 10억 인구의 인도 '시장'이 세계무역기구에 의해 강제로 개방되고 있다. 정부와 인도의 지배계급은 기업화와 사유화를 환영한다. 속도와 효율성을 강조하는 국제통화기금의 구조조정 정책이 강제되면서 민주주의가 말살되고 있다. 기업 주도의 세계화 정책이 인도 민중의 삶을 난도질했다. 대규모 사유화와 노동 '개혁'으로 민중은 토지에서, 직장에서 쫓겨나고 있다. 수백 명의 파산한 농부들이 살충제를 먹

---

* 이 연설은 2003년 브라질 포르투알레그레에서 열린 제3차 세계사회포럼에서 '제국을 저지하는 방법 How to confront Empire'이라는 주제로 행해진 것이다.

고 자살했다. 기아로 인한 사망자가 발생했다는 소식이 전 국토에서 들려온다. 지배계급이 세계의 정점 어딘가에 있다는 상상의 목적지를 여행하는 동안 빼앗긴 자들은 범죄와 혼란의 아비규환으로 처박히고 있다.

역사가 우리에게 말해주는 바, 이런 좌절과 전 국민적인 환멸감은 파시즘이 싹트는 토양이 된다. 인도 정부는 양날의 칼을 이용해 완벽한 협공 작전을 펼쳐왔다. 한편으로는 분주하게 인도를 쪼개 팔아먹으면서, 다른 한편으로는 힌두 민족주의와 종교적 파시즘의 갈등을 부추김으로써 주의를 분산시키고 있는 것이다. 인도 정부는 핵실험을 행하고 있고, 역사책을 다시 쓰며, 교회를 불태우고, 회교성원을 파괴하고 있다.

작년 3월 구자라트 주에서 2000명의 무슬림이 주 정부가 뒤를 봐주는 조직적인 박해로 몰살당했다. 특히 무슬림 여성이 집중적인 표적이 되었다. 그들은 옷이 벗겨진 채 집단 강간을 당한 후 생매장되었다. 파괴분자들이 상점과 가정, 섬유 공장과 성원을 약탈하고 방화했다. 무슬림 15만 명 이상이 고향에서 쫓겨났다. 회교 공동체의 경제 기반이 초토화되었다. 구자라트가 불타는 동안 인도 수상은 MTV에 출연해 자신의 새 시집을 자랑했다. 올해 1월 학살을 조직했던 그 정부가 다수의 지지를 받으며 재집권에 성공했다. 어느 누구도 집단 학살로 인해 처벌받지 않았다.

경우가 사담 후세인이라면 모든 만행이 CNN의 방송 전파를 탔을 것이다. 그러나 이라크가 아니고 인도이기 때문에 ─ 더구나 인도는 세계의 투자자들에게 문호를 활짝 열지 않았는가! ─ 이 학살은 불쾌감을 주는 난처한 사건도 되지 못했다. 자유 시장이 국민 국가의 경계를 무너

뜨린다는 신화가 말짱 거짓말임을 이 사실을 통해 확인할 수 있다. 자유 시장은 국가적 주권을 위협하지 않는다. 자유 시장이 말살하는 것은 민주주의이다.

부자와 빈민 사이의 격차가 커짐에 따라서 부를 차지하려는 투쟁이 격화하고 있다.

'달콤한 거래'를 관철하려면, 다시 말해 우리가 키우는 작물, 마시는 물, 숨 쉬는 공기, 꾸는 꿈마저도 이윤 추구의 대상으로 만들기 위해서 기업 주도 세계화 세력에게는 동맹군이 필요하다. 가난한 나라의 충성스럽고 부패한 권위주의 정부들의 국제적 동맹이 대중이 외면하는 개혁을 강제하며 반란을 진압해 줘야 할 필요가 있는 것이다. 기업이 주도하는 세계화(우리는 이것을 제국주의라고도 부를 수 있을 것이다.)에는 독립적인 체하는 이른바 '자유' 언론이라는 것도 필요하다. 여기에는 정의를 실행하는 체하는 법정이 필요하다. 한편으로 북반구의 국가들은 국경 단속을 강화하고 대량살상무기를 비축한다. 그들은 기업 주도의 세계화가 세계화된 금융·재화·특허·서비스에 불과하다는 것을 분명히 인식시켜야만 하는 것이다.

사람들의 자유로운 이동은 여기에 포함되지 않는다. 인권에 대한 존중은 여기에 포함되지 않는다. 인종 차별이나 화학 및 핵무기에 관한 국제 협정은 여기에 포함되지 않는다. 온실가스 배출이나 기후 변화 협약 같은 것은 여기에 포함되지 않는다. 전쟁 예방책이나 국제적 사법 정의는 여기에 포함되지 않는다.

이것이, 이 모든 것이 '제국'이다. 이 충성스런 동맹이, 이 지긋지긋한 권력이 결정을 내리는 자들과 그 결정으로 인해 고통받는 자들 사이의 거리를 엄청나게 벌려놓았다.

우리의 투쟁, 우리의 목표, 또 다른 세계에 대한 우리의 비전은 그러한 간극을 제거하는 것이어야만 한다. 그렇다면 우리가 어떻게 '제국'에 저항할 수 있을까?

좋은 소식은 우리가 그렇게 형편없지는 않다는 것이다. 우리는 의미 있는 승리를 거두어왔다. 여기 라틴 아메리카에서 여러분은 주목할 만한 성과를 거두었다. 볼리비아 코차밤바 투쟁의 승리를 다들 알고 있을 것이다. 페루의 아레키파에서도 반란이 있었다. 베네수엘라의 대통령 우고 차베스는 미국 정부의 음모 속에서도 잘 버티고 있다. 아울러 세계의 시선이 아르헨티나 민중을 향하고 있다. 그들은 국제통화기금이 엉망으로 만들어놓은 국가를 재건하기 위해 노력하고 있다. 인도에서는 기업 주도의 세계화에 반대하는 운동이 지지를 받으며 종교적 파시즘에 맞설 수 있는 유일한 정치 세력으로 부상했다.

기업이 주도하는 세계화의 빛나는 전도사들, 예를 들어 엔론·벡텔·월드컴·아서 앤더슨 등은 작년에 어디에 있었는가? 그리고 지금은 어디에 있는가? 그리고 당연히 이곳 브라질에서도 우리는 물어야 한다. 작년에는 누가 대통령이었는가? 그리고 지금은 누가 대통령인가? 여전히 우리 가운데 많은 사람이 절망과 낙담의 어두운 시간을 보내고 있다.

우리는, '테러와의 전쟁'이라는 미명하에 많은 노동자가 직장에서 어려운 시절을 보내고 있음을 잘 알고 있다. 폭탄이 우리 머리 위로 비 오듯 쏟아지고 크루즈 미사일이 하늘을 가르는 동안, 계약이 체결되고, 특허권이 등록되며, 송유관이 건설되고, 자원이 약탈당하고, 수자원이 사유화되고 있음을 우리는 잘 알고 있다.

그리고 조지 부시가 이라크와의 전쟁을 획책하고 있다.

만일 우리가 이 갈등을 '제국'과 그것에 저항하는 우리 사이의 직접적인 맞대결로 본다면 우리가 지고 있는 것처럼 보일 수도 있다.

그러나 이 갈등을 관찰하는 또 다른 방법이 있다. 여기 모인 우리 모두는 각자 나름의 방식으로 계속해서 '제국'을 공격해 왔다. 우리가 아직 제국을 그 궤도에서 이탈시키지 못했을지도 모른다. 하지만 우리는 제국의 치부를 폭로해 왔다. 우리는 제국의 가면을 벗겼다. 우리는 제국의 실체를 만천하에 공개했다. 제국은 지금 야만적이고 사악한 자신의 본 모습을 드러내며 우리 앞에 서 있다.

제국이 전쟁에 돌입하는 것은 당연하다. 하지만 지금은 그들의 전쟁 수행 노력이 만천하에 드러나고 있다. 그 모습이 너무나 추악해 스스로 자신의 불명예를 똑바로 볼 수 없는 지경이다. 그 모습이 너무나 추악해 자국 국민을 규합하지도 못하고 있다. 머지않아 다수의 미국 시민이 우리 편에 가담할 것이다.

최근 워싱턴에서 25만 명이 이라크 전쟁에 반대하는 행진을 벌였다. 계속해서 그 항의시위는 지지를 받고 있다.

2001년 9월 11일 이전까지 미국은 비밀주의 역사를 고수했었다. 특히 자국 국민을 배제하는 비밀의 역사였다. 그러나 현재는 미국의 비밀이 역사가 되고 있다. 그러한 비밀주의의 역사는 상식이 되었고, 가두의 담화로 등장했다. 오늘날 우리는, 이라크와의 전쟁을 획책하기 위해 동원되는 모든 주장이 거짓말이라는 사실을 잘 알고 있다. 이 가운데 가장 우스꽝스러운 거짓말은 미국 정부가 이라크에 민주주의를 정착시키고자 하는 깊은 배려 속에서 행동하고 있다는 주장일 것이다.

독재 정부나 이데올로기적 타락으로부터 국민을 보호하기 위해 그 국민을 살해하는 일이 미국 정부의 오래된 습관임은 물론이다. 이곳 라틴 아메리카에서 여러분은 다른 누구보다도 이 사실을 잘 알고 있을 것이다.

사담 후세인이 잔인한 독재자이며 살인자라고 하는 사실을 의심하는 사람은 아무도 없다.(기실 그가 보여준 최악의 난폭 행위를 지지한 것은 미국과 영국 정부였다.) 그가 제거된다면 이라크 국민이 더 나은 삶을 영위할 것이라는 데에도 의심의 여지가 없다. 그러나 부시라는 자가 사라진다면 전 세계인이 훨씬 더 잘 살 수 있을 것이다.

그가 사담 후세인보다 훨씬 더 위험한 인물이라는 것이 점점 더 명백해지고 있다. 그렇다고 우리가 백악관을 폭격해 부시를 몰아내야 하겠는가? 부시가 사실 여부와 관계없이 이라크 전쟁에 돌입하려는 결의는 확고해 보인다. 그는 국제 여론은 완전히 무시하고 있다.

미국은 침략 동맹을 구성하면서 사실까지 날조하고 있다. 무기 사찰단과 관련해 빤히 들여다보이는 속임수를 쓰고 있는 미국 행정부의 행위는 국제적 도의에 대한 공격적이고 모욕적인 농단이다. 미국은 막판 '동맹국' 탑승자를 위해 문을 열어놓고 있는 것 같다. 아니 유엔을 끌어들이기 위한 수작일 것이다.

그러나 사실상 새로운 이라크 전쟁이 시작되었다.

우리가 무엇을 할 수 있을까? 우리는 우리의 기억을 갈고 닦을 수 있다. 우리는 우리의 역사에서 배울 수 있다. 우리는 부시의 선동이 아무런 반향을 불러일으키지 못할 때까지 지속적으로 여론을 조성할 수 있다. 우리는 이라크 전쟁을 미국 정부의 독단을 예증하는 사례로 활용할 수 있다. 우리는 조지 부시와 토니 블레어, 그리고 그들의 동맹자들이 비열한 유아 살인자이고, 수질 오염자이며, 나약한 장거리 폭격자들임을 폭로할 수 있다.

우리는 무수한 방식으로 시민 불복종 운동을 전개할 수 있다. 다시 말해 우리는 무수한 방법으로 그들에게 타격을 가할 수 있다. 조지 부시가 "당신은 우리 편에 서든지 그렇지 않으면 테러리스트의 편이다."라고 말할 때 우리는 "그따위 설정을 받아들이지 않겠다."고 말할 수 있다. 우리는 전 세계의 민중이 사악한 미키마우스와 미친 성법학자 사이에서 어느 하나를 선택해야만 하는 것은 아니라는 사실을 그에게 알려줄 수 있다. 우리의 전략은 단지 제국을 저지하는 것이 아니라 그것을 포위 공격하는 것이어야 한다. 제국이 숨 쉴 수 없도록 산소를 박탈하고, 창피를 주고, 조롱해야 한다.

우리의 예술, 우리의 음악, 우리의 문학, 우리의 완강함, 우리의 기쁨,

우리의 명민함, 우리의 꾸밈없는 활력을 바탕으로 우리는 우리 자신의 이야기를 들려주어야 한다. 우리가 믿도록 세뇌 받고 있는 것과는 완전히 다른 이야기를 말이다.

우리가 그들이 강요하는 것을 거부한다면 기업 혁명은 붕괴하고 말 것이다. 그들의 사상, 그들의 역사 비전, 그들의 전쟁, 그들의 무기, 필연성에 관한 그들의 개념은 몰락할 것이다.

다음의 사실을 잊지 마라. 우리는 많고 그들은 적다. 우리에게 그들이 필요한 것보다 그들에게 우리가 더 필요하다.

또 다른 세계는 가능할 뿐만 아니라 오고 있다. 조용한 날에 나는 그녀가 숨 쉬는 소리를 듣는다.

옮긴이 후기

이 책 『보통 사람들을 위한 제국 가이드』는 아룬다티 로이Arundhati Roy 의 The Ordinary Person's Guide to Empire(South End Press, 2004년 9월)를 한국어로 옮긴 것이다.

나는 조을 바칸Joel Bakan의 『기업 Corporation』, 조너선 닐Jonathan Neale 의 『미국의 진실 What's Wrong with America?』과 함께 '기업'과 '제국'과 '미국'을 다루는 비판서 3부작의 한 권으로 이 책을 준비했다. 현재 『미국의 진실』은 몇 곳에 출판 의사를 타진중이고, 『기업』은 이미 한국어 판권이 팔렸다고 전해 들었다. (어느 출판사에서 준비되고 있는지는 모른다.) 개인적으로야 아쉽지만 얼른 만나볼 수 있기를 바란다. 아무튼 그 중의 한 권인 로이의 이 책을 한국의 독자들에게 소개할 수 있게 된 것은 내게 큰 기쁨이고 영광이다. 왜냐하면 그녀의 아름답고, 풍부하고, 신랄하고, 감동적인 글에 나 자신 공분을 느꼈으며, 그 경험을 고스란히 한국의 독자들과도 공유할 수 있으리라고 믿기 때문이다.

아룬다티 로이는 『작은 것들의 신 The God of Small Things』이라는 소설로 1997년에 부커상을 수상하며 혜성처럼 등장한 작가이다. 그러나 그녀는 활동가이기도 하다. 물론 그녀는 이 '작가 겸 활동가writer-activist'라는 이중의 칭호에 불편한 심기를 드러낸다. 사회의 각 분야를 칸막이로 나누고 거기에는 넘지 못할 벽이 존재하며, 작가의 분야와 활동가의 영역은 엄연히 다르고 따라서 그 이중의 활동에는 진정성과 깊이가 없다는 기성 언론의 혐의와 상징 조작이 못 마땅하기 때문일 것이다. (물론 여기에는 그녀 자신의 실존적인 고민도 배어 있을 것이다.) 그러나 나는 이런 분리가 오히려 부자연스런 것이라고 믿는다. 재능 있는 작가이자 헌신적인 활동가로서의 경험과 사유가 그녀의 글을 감동적이면서도 단호하게 만들어준다고 생각하기 때문이다.

로이의 정치 에세이들을 꾸준히 읽어 온 독자들은 아시겠지만 그녀의 정치학이 계속해서 진전되고 있음을 이 책을 통해서 확인할 수 있을 것이다. 다시 말해, 댐 건설과 핵 실험에 대한 단일 쟁점 반대 투쟁(『생존의 비용』)에서 파시즘과 국가 범죄, 제국과 제국주의, 최종적으로 신자유주의와 자본주의 자체를 성토하기에 이른 것이다. 그리고 그녀는 진지하기에 비폭력 시민 불복종 저항이라는 민중 행동의 강령도 제시한다.

이 책에는 전부 7편의 에세이가 실려 있다. 이 모든 에세이에서 독자 여러분은 그녀의 감동적인 연설에서처럼 열정과 명확함과 분노를 읽게 될 것이다. 이라크 전쟁을 주제로 한 두 편의 글, 곧 「제국의 진실」과 「인스턴트 제국 민주주의」는 개전 초기에 쓰였지만 여전히 시사하는 바가 크다. 이라크 전쟁은 현재진행형이고, 미국은 결코 승리할 수 없을 것이기 때문이다. 부록으로 실린 「함께 우리의 미래를 준비합시다」와 「인종주의의 새로운 우화」는 각각 2003년과 2004년 포르투알레그레와 뭄바이에서 열린 제3,4차 세계사회포럼의 연설문이다. 나는, 그녀의 열정과 명확함은 물론이고 신랄한 야유와 시적 정취를 온전히 드러내려고 노력했다. 「전쟁이 곧 평화라는 아이러니」, 「샹카르 구하 니요기를 추모하며」, 「시민 불복종의 의미를 되새기며」는 인도의 현대 정치 상황을 비교적 소상하게 밝혀준다. 인도는 아대륙이며 10억 인구가 거주하는 총천연색의 복잡다기한 사회로, 기꺼이 수고하며 읽을 만한 가치가 있는 글들이다. 독자 여러분은 상황이 인도에서도 동일하게 진행되고 있음을 확인할 수 있을 것이다. 「역사의 위인들이 행진에 나설 때」는, 이상이 배신당하는 과정을 검토하면서 정치를 명확하게 벼리는 것이 얼마나 중요한지를 새삼 일깨워준다.

『보통 사람들을 위한 제국 가이드』는 이 책의 제목으로서 손색이 없다. 로이가 정치인들, 장성들, 제국주의 옹호자들의 애매모호한 허튼소리의 비밀을 분명하게 파헤치고 분쇄하기 때문만이 아니다. 책에 실린 모든 논설이 보통 사람들이 제국의 대가를 치르고 있는 동시에 제국을 저지할 수 있는 힘도 가지고 있다는 사실을 명확하게 드러내기 때문이다.

이 책은 반자본주의 운동 진영에서 가장 위대한 작가이자 활동가 중의 한 명이 작성한 흥미진진하고도 감동적인 이야기이다.

로이의 목표는 빼앗긴 자들의 정의를 회복하는 것이다.

2005년 9월 9일
옮긴이

후주

전쟁이 평화라는 아이러니 *Peace is War*

01. Mohammed Shehzad, "'Killing Hindus' Better than Dialogue with India: Lashkar-e-Taiba Chief," Agence France-Presse, April 3. 2003.

02. Ben H. Bagdikian, *The New Media Monopoly* (Boston: Beacon Press, 2004).

03. Edward Helmore, "Who Sets the TV Control?: Battle Is Raging Over a Decision to Allow US Media Giants to Own Even More," *The Observer* (London), June 8, 2003, p. 6.

04. Howard Rheingold, "From the Screen to the Streets," *In These Times*, November 17, 2003, p. 34; Stephen Labaton, "Debate/Monopoly on Information: It's a World of Media Plenty: Why Limit Ownership?" New York Times, October 12, 2003, p. 4: 4.

05. Connie Koch, *2/15: The Day the World Said No to War*(New York: Hello [NYC]; Oakland:AK Press, 2004)를 보시오.

06. Edward Luce, "Battle Over Ayodhya Temple Looms," *Financial Times* (London), February 2, 2002, p. 7을 보시오.

07. Pankaj Mishra, "A Mediocre Goddess," *New Statesman*, April 9, 2001; John Ward Anderson, "The Flame That Lit An Inferno: Hindu Leader Creates Anti-Muslim Frenzy," *Washington Post*, August 11, 1993, p. A14. Arundhati Roy, "Democracy: Who Is She When She Is at Home?" in 『전쟁을 말한다 *War Talk*』(Cambridge, MA: South End Press, 2003), pp. 17~44도 보시오.

08. 이 책에 실려 있는 5장의 글, 「샹카르 구하 니요기를 추모하며」 편을 보시오.

09. Raja Bose, "A River Runs Through It," Times of India, February 25, 2001.

10. C. Rammanohar Reddy, "At Loggerheads Over Resources," The Hindu, May 27, 2001; Kata Lee (Project Coordinator of Hotline Asia), "India: Unarmed Tribals Killed by Jharkhand Police," Asian Center for the Progress of Peoples (ACPP), Asian Human Rights Commission, March 3, 2003, 웹사이트 http://www.ahrchk.net/news/main-file.php/ahrnews_200103/1496/?print=yes.를 참고할 것.

11. Gurbir Singh, "Guj[arat] Police Cane Protesters of NATELCO-UNOCAL Port," The Economic Times, April 12, 2000; "Human Rights Defenders Persecuted in India: Amnesty [International]," The Press Trust of India, April 26, 2000. Rosa Basanti, "Villagers Take On Giant Port Project," Inter Press Service, June 7, 2000도 보시오.

12. Sanjay Kumar, "The Adivasis of Orissa," The Hindu, November 6, 2001; Anu Kumar, "Orissa: A Continuing Denial of Adivasi Rights," InfoChange News and Features, November 2003, Center for Communication and Development Studies, http://www.infochangeindia.org/analysis10.jsp. "When Freedom Is Trampled Upon," The Hindu, January 24, 1999도 보시오.

13. Danielle Knight, "The Destructive Impact of Fish Farming," Inter Press Service, October 13, 1999.

14. "Eviction of Tribals by Force in Kerala to be Taken Up with NHRC," The Hindu, February 26, 2003.

15. 나가르나르(Nagarnar) 공격 사건과 관련해서는 Kuldip Nayar, "Pushing the POTO," The Hindu, November 28, 2001을 보시오.

16. 인민전쟁그룹(Peoples' War Group; PWG), 마오주의자 공동활동 위원회(Maoist Coordination Committee; MCC), 파키스탄의 정보 기구(Inter Services Intelligence; ISI), 타밀 엘람 해방 호랑이(Liberation Tigers of Tamil Eelam; LTTE).

17. "푸루쇼사만([Vakkom] Purushothaman)씨는 '대항 정부를 수립하려 했던' 아디바시들을 '진압하거나 죽여야 했다'는 견해를 자신이 지지한다고 말했다." "Opposition Boycotts Assembly," The Hindu, February 22, 2003에서 인용.

18. Mari Marcel Thekaekara, "What Really Happened," *Frontline*, March 15~28, 2003, http://www.frontlineonnet.com/fl2006/stories/20030328002204600.htm을 보시오.

19. Sanjay Nigam, Mangat Verma, Chittaroopa Palit, "Fifteen Thousand Farmers Gather in Mandleshwar to Protest Against Electricity Tariff Hikes in Madhya Pradesh," Nimad Malwa Kisan Mazdoor Sangathan press release, February 27, 2003, http://www.narmada.org/nba-press-releases/february-2003/antitariff.html.

20. World Commission on Dams, Dams and Development: *A New Framework fof Decision-Making: The Report of the World Commission on Dams* (London and Sterling, Virginia: Earthscan, 2000), box 4.3, p. 104.

21. Arundhati Roy, *The Cost of Living* (New York: Modern Library, 1999)와 *Power Politics*, 2nd ed. (Cambridge, MA: South End Press, 2001).

22. L.S. Aravinda, "Supreme Court Majority Judgment: Mockery of Modern India," Association for India's Development, http://www.aidindia.org/hq/publications/essays/articles.htm.

23. World Bank Water Resources Management Group, *The World Bank Water Resources Sector Strategy: Strategic Directions for World Bank Engagement* (Washington, D.C.: International Bank for Reconstruction and Development/World Bank, 2004), http://lnweb18.worldbank.org/ESSD/ardext.nsf/18ByDocName/Strategy; Peter Bosshard, Janneke Bruil, Carol Welch, Korinna Horta, and Shannon Lawrence, "Gambling with People's Lives: What the World Bank's New 'High-Risk/High-Reward' Strategy Means for the Poor and the Environment," September 19, 2003, http://www.environmentaldefense.org/article.cfm?ContentID=3005. Carrieann Davies, "From the Editor: Back to the Future," *Water Power & Dam Construction*, April 30, 2003, p. 3도 보시오.

24. "Major Rivers to Be Linked by 2016," The Press Trust of India, December 17, 2002. Medha Patkar, ed., *River Linking: A Millennium Folly?* (Pune, India: National Alliance of People's Movements/Initiative, 2004)도 보시오.

25. "Tribals' Promised Land is Kerala Sanctuary," *Indian Express*, February 6, 2003을 보시오.

26. "Call to Prosecute Grasim Management for Pollution," *Business Line*, February 1, 1999.

27. R. Krishnakumar, "Closure of Grasim Industries," Frontline, July 21~August 3, 2001, http://www.frontlineonnet.com/fl1815/18151320.htm.

제국의 진실 *The Ordinary Person's Guide to Empire*

01. CNN International, March 21, 2003. 건물이 쓰러진다. 시장도, 주택도 소년을 사랑하던 소녀도. 형의 구슬을 가지고 놀고만 싶었던 아이도.

02. CNN International, March 21, 2003.

03. CNN International, March 21, 2003. Dexter Filkins, "In the Field Marines: Either Take a Shot or Take a Chance," *New York Times*, March 29, 2003, p. A1도 보시오.

04. Patrick E. Tyler와 Janet Elder, "Threats and Responses: The Poll: Poll Finds Most in U.S. Support Delaying a War," *New York Times*, February 14, 2003, p. A1.

05. Maureen Dowd, "The Xanax Cowboy," *New York Times*, March 9, 2003, p. 4:13.

06. George W. Bush, 아조레스(Azores) 제도 정상회담 후 토니 블레어와의 합동 기자회견에서. "Excerpts From Remarks by Bush and Blair: 'Iraq Will Soon Be Liberated,'" *New York Times*, April 9, 2003, p. B7을 보시오.

07. "You Cannot Hide, Hoon Tells Saddam," *Birmingham Evening Mail*, March 20, 2003, p. 2. Charles Reiss, "We Had No Option But to Use Force to Disarm Saddam, Says Straw," *The Evening Standard* (London), March 20, 2003, p. 11.

08. General Vince Brooks, deputy director of operations, United States Central Command Daily Press Briefing, Federal News Service, March 27, 2003.

09. CNN International, March 25, 2003.

10. 조지 W. 부시가 플로리다 주 탬파(Tampa)의 맥딜 공군기지에서 부대원들을 상대로 한 연설 가운데서, Federal News Service, March 26, 2003.

11. David Cole, *Enemy Aliens: Double Standards and constitutional Freedoms in the War on*

Terrorism(New York: The New Press, 2003)을 보시오.

12. Charles Lane, "Justices to Rule on Detainees' Rights; Court Access for 660 Prisoners at Issue," *Washington Post*, November 11, 2003, p. 1; David Rohde, "U.S. Rebuked on Afghans in Detention," *New York Times*, March 8, 2004, p. A6. Cole, *Enemy Aliens*, pp. 39~45도 보시오.

13. Jeremy Armstrong, "Field of Death: Total Slaughter: Amnesty [International] Demands Probe Be Over Bloody Massacre of Taliban Prisoners," *The Mirror*(London), November 29, 2001, p. 6.

14. "Injustice in Afghanistan," editorial, *Washington Post*, March 21, 2004, p. B6.

15. Bill O'Reilly, "Talking Points Memo," *The O'Reilly Factor*, Fox News, March 24, 2003. Bill O'Reilly, "Unresolved Problems: Interview with Kenneth Roth," *The O'Reilly Factor*, Fox News, March 27, 2003도 보시오.

16. Rageh Omaar, *Revolution Day: The Human Story of the Battle for Iraq*(London: Viking, 2004)를 보시오.

17. Martin Bright, Ed Vulliamy, Peter Beaumont, "Revealed: US Dirty Tricks to Win Vote on Iraq War," *The Observer*(London), March 2, 2003, p. 1.

18. Marc Santora, "Aid Workers Fear Dangers of Delay: Basra, Without Power and Water, Is at Risk," *International Herald Tribune*, March 25, 2003, p. 1; John Pilger, "Gulf War 2: Six Days of Shame," *The Mirror*(London), March 26, 2003, p. 14.

19. Patrick Nicholson, "The Cans and Buckets Are Empty and People Are Desperate," *The Independent*(London), April 5, 2003, p. 8.

20. Agence France-Presse, "Iraq's Weekly Oil Production Reaches New Levels," July 23, 2002.

21. Mark Nicholson, "Troops Prepare to Deliver Supplies," *Financial Times*(London), March 27, 2003, p. 2.

22. Nick Guttmann, "Humanitarian Aid: Wanted: 32 Galahads a Day," *Independent on*

Sunday(London), March 30, 2003, p. 26.

23. Noam Chomsky, *For Reasons of State*(New York: New Press, 2003), pp. 67~69에서 인용.

24. Juan J. Walte, "Greenpeace: 200,000 Died in Gulf," *USA Today*, May 30, 1991, p. 1A.

25. Kim Cobb, "Vets Warn of Risks to Soldiers' Health: Critics Fear Repeat of Gulf War Illnesses," *Houston Chronicle*, February 9, 2003, p. 1.

26. James Meikle, "'Health Will Suffer for Years,'" *The Guardian*(London), November 12, 2003, p. 17.

27. Joel Brinkley, "American Companies Rebuilding Iraq Find They Are Having to Start from the Ground Up," *New York Times*, February 22, 2004, p. 1: 11. Tucker Carlson, "Hired Guns," *Esquire*, March 2004, pp. 130~38.

28. Felicity Barringer, "Security Council Votes to Revive Oil-for-Food Program in Iraq," *New York Times*, March 29, 2003, p. B7.

29. Dan Morgan and Karen DeYoung, "Hill Panels Approve War Funds, With Curbs: Most Restrictions Aimed at Pentagon," *Washington Post*, April 2, 2003, p. A26.

30. Lou Dobbs, *Lou Dobb's Moneyline*, CNN, March 27, 2003.

31. Greg Wright, "French Fries? Mais Non, Congress Calls Em Freedom Fries," Gannett News Service, March 12, 2003, 웹사이트 http://www.gannettonline.com/gns/face-off2/20030312-18100.shtml.

32. Serge Bellanger, "Of Wal-Marts, BMWs and Brie," *Chicago Tribune*, April 27, 2003, p. 9.

33. George W. Bush, Camp David, Maryland, press briefing, September 16, 2001: "우리는 그렇게 할 것입니다. 우리는 이 세상에서 악당을 제거할 것입니다. 우리는 자유를 사랑하는 사람들을 단결시켜 테러와 맞서 싸울 것입니다. 오늘, 안식일에 나는 친애하는 미국인들에게 말씀드립니다. 여러분의 기도에 감사드립니다.

여러분의 열정에 감사드립니다. 일터로 돌아가 언제나처럼 열심히 일하면서 여러분이 보여주시는 서로에 대한 사랑과 미래에 대한 낙관에도 감사드립니다. 그러나 우리는 경고를 받았습니다. 우리는 이 세계에 악한들이 있다는 경고를 받았습니다. 우리는 너무나도 생생한 경고를 받았고, 경계심을 갖추어야 합니다. 여러분의 정부는 만만의 태세를 갖추고 있습니다. 주지사와 시장들은, 악당들이 여전히 암약하고 있다는 사실에 경계를 늦추지 않고 있습니다."

인스턴트 제국 민주주의 *Instant-Mix Imperial Democracy*

01. Molly Moore, "The USS Vincennes and a Deadly Mistake: Highly Sophisticated Combat Ship at Center of Defense Department Investigation," *Washington Post*, July 4, 1988, p. A23.

02. R.W. Apple, Jr., "Bush Appears in Trouble Despite Two Big Advantages," *New York Times*, August 4, 1988, p. A1. Lewis Lapham, *Theater of War*(New York: New Press, 2002), p. 126을 보시오.

03. Patrick E. Tyler and Janet Elder, "Threats and Responses: The Poll: Poll Finds Most In U.S. Support Delaying a War," *New York Times*, February 14, 2003, p. A1.

04. Maureen Dowd, "The Xanax Cowboy," *New York Times*, March 9, 2003, p. 4:13.

05. President George W. Bush, address to the nation, State Floor Cross Hallway, the White House, Federal News Service, March 17, 2003, http://www.whitehouse.gov/news/releases/2003/03/20030319-17.html.

06. President George W. Bush, speech at the Cincinnati Museum Center, Cincinnati, Ohio, Federal News Service, October 7, 2002, http://www.whitehouse.gov/news/releases/2002/10/20021007-8.html.

07. Said K. Aburish, *Saddam Hussein: The Politics of Revenge*(London: Bloomsbury, 2001)을 보시오. PBS *Frontline* interview with Aburish, "Secrets of His Life and Leadership," from *The Survival of Saddam*, http://www.pbs.org/wgbh/pages/frontline/shows/saddam/interviews/aburish.html도 보시오.

08. Anthony Arnove, "Indonesia: Crisis and Revolt," *International Socialist Review* 5(Fall 1998)을 보시오.

09. 1980년 5월 PBS의 *MacNeil/Lehrer Report*와의 인터뷰에서 처음 언급됨. Philip Geyelin, "Forget Gunboat Diplomacy," *Washington Post*, September 29, 1980, p. A13에서 인용.

10. Anthony Arnove, ed., *Iraq Under Siege: The Deadly Impact of Sanctions and War*, 2nd ed.(Cambridge, MA: South End Press, 2002), 특히 Noam Chomsky가 작성한 글, "US Iraq Policy: Consequences and Motives," pp. 65~74와 Arnove의 서문, pp. 11~31을 보시오.

11. 부시의 다른 많은 연설 가운데에서도 콜로라도 주 덴버(Denver) 소재의 로키 산맥 비행단 항공 우주 박물관(Wings over the Rockies Air and Space Museum)에서 행한 연설을 보시오.(Federal News Service, October 28, 2002). 그는 청중에게 후세인을 다음과 같이 상기시켰다. 후세인은 "자기 나라 국민을 독가스로 살해한 자입니다. …… 그는 핵무기를 보유하고, 또 개발하는 데 몰두하고 있습니다. 그는 알 카에다와 연계되어 있습니다." 부시는 이렇게도 논평했다. "우리는 생명을 사랑합니다. 우리는 모두가 중요합니다. 모두가 소중한 존재입니다. 그들은 무고한 생명을 전혀 존중하지 않습니다. (박수) 그들은 우리가 자유를 사랑한다는 사실을 증오합니다. 우리는 우리의 종교의 자유를 사랑합니다. 우리는 우리의 언론의 자유를 사랑합니다. 우리는 자유의 모든 면을 사랑합니다. (박수) 우리는 굳건합니다. (박수) 우리는 협박에 굴복하지 않습니다. 사실인 즉, 그들이 우리의 자유를 증오하는 것보다 우리가 우리의 자유를 더 사랑합니다. (박수)" http://www.whitehouse.gov/news/releases/2002/10/20021028-5.html.

12. Arnove, *Iraq Under Siege*, pp. 68~69를 보시오.

13. "우리는 자유 수호의 소명을 가진 민족이다. 무슨 정부나 문헌이 허락한 게 아니다. 우리는 신에게서 자유를 부여받았다." Dan Eggen, "Ashcroft Invokes Religion in U.S. War on Terrorism," *Washington Post*, February 20, 2002, p. A2를 보시오.

14. Michael R. Gordon, "Baghdad's Power Vacuum Is Drawing Only Dissent," *New York*

Times, April 21, 2003, p. A10.

15. Peter Beaumont, "Anger Rises as US Fails to Control Anarchy," The Observer(London), April 13, 2003, p. 3.

16. Jim Dwyer, "Troops Endure Blowing Sands and Mud Rain," New York Times, March 26, 2003, p. A1; Neela Banerjee, "Army Depots in Iraqi Desert Have Names of Oil Giants," New York Times, March 27, 2003, p. C14.

17. Secretary of Defense Donald H. Rumsfeld, Defense Department operational update briefing, Pentagon Briefing Room, Arlington, Virginia, Federal News Service, April 11, 2003.

18. Reuters, "Number Imprisnoed Exceeds 2 Million, Justice Dept. Says," Washington Post, April 7, 2003, p. A4; The Sentencing Project, "U.S. Prison Populations: Trends and Implications," May 2003, p. 1, http://www.sentencingproject.org/pdfs/1044.pdf.

19. The Sentencing Project, "U.S. Prison Populations," p. 1.

20. Fox Butterfield, "Prison Rates among Blacks Reach a Peak, Report Finds," New York Times, April 7, 2003, p. A12.

21. Richard Willing, "More Seeking President's Pardon," USA Today, December 24, 2002, p. 3A.

22. Paul Martin, Ed Vulliamy, and Gaby Hinsliff, "US Army Was Told to Protect Looted Museum," The Observer(London), April 20, 2003, p. 4; Frank Rich, "And Now: 'Operation Iraqi Looting'," New York Times, April 27, 2003, p. 2:1.

23. Scott Peterson, "Iraq: Saladin to Saddam," Christian Science Monitor, March 4, 2003, p. 1을 보시오.

24. Secretary of Defense Donald H. Rumsfeld, Defense Department operational update briefing, Pentagon Briefing Room, Arlington, Virginia, Federal News Service, April 11, 2003.

25. Paul Martin, Ed Vulliamy, and Gaby Hinsliff, "US Army Was Told to Protect Looted

Museum," *The Observer*(London), April 20, 2003, p. 4.

26. Robert Fisk, "Americans Defend Two Untouchable Ministries from the Hordes of Looters," *The Independent*(London), April 14, 2003, p. 7을 보시오. "이라크의 약탈자들은, 미군이 약탈하고 방화해도 좋다고 허용한 대상을 훔치고 파괴했다. 실제로 차량을 이용해 두 시간가량 바그다드를 돌아다녔더니 미국이 보호하고자 하는 대상 시설을 분명히 파악할 수 있었다. 며칠 동안 방화와 약탈이 계속되었고, 이제 짧지만 분명한 채점표가 나왔다. 미군은 뒷짐 지고 앉아서 폭도들이 경제 기획부, 교육부, 관개부, 무역부, 산업부, 외무부, 문화부, 정보부를 파괴하고 방화하도록 내버려두었다. 미군은 바그다드 고고학 박물관과 북부 도시 모술(Mosul)의 박물관에 소장되어 있는 값을 헤아릴 수 없는 이라크 역사의 보물들과 병원 세 곳을 약탈자들이 파괴하고 노략질하는 것을 막기 위해 아무 조치도 취하지 않았다.

"그러나 미국은 전혀 파괴되지 않은 두 부서에 수백 명의 부대원을 투입했다. 그야말로 난공불락이었다. 탱크와 장갑 수송차와 험비(Humvee)가 두 기관 안 팎으로 배치되었다. 미국인들에게는 어떤 부서가 그렇게 중요했던 것일까? 당연한 얘기지만 그곳들은 이라크 내부 정보를 풍부하게 보유하고 있는 내무부와, 석유부였다."

27. Carlotta Gall, "In Afghanistan, Violence Stalls Renewal Effort," *New York Times*, April 26, 2003, p. A1. David Rohde, "U.S. Rebuked on Afghans in Detention," *New York Times*, March 8, 2004, p. A6도 보시오.

28. Scott Lindlaw, "Accommodating TV-Friendly Presidential Visit Caused a Few Changes in Navy Carrier's Routine," Associated Press, May 2, 2003.

29. Walter V. Robinson, "1-Year Gap in Bush's Guard Duty: No Record of Airman at Drills in 1972~73," *Boston Globe*, May 23, 2000, p. A1.

30. David E. Sanger, "Bush Declares 'One Victory in a War on Terror,'" *New York Times*, May 2, 2003, p. A1.

31. James Harding, "Bush to Hail Triumph but Not Declare a US Victory," *Financial*

Times(London), May 1, 2003, p. 8.

32. John R. MacArthur, "In the Psychological Struggle, Nations Wield Their Weapons of Mass Persuasion," *Boston Globe*, March 9, 2003, p. D12에서 인용.

33. General Tommy Franks, *Sunday Morning*, CBS, March 23, 2003.

34. "'Non' Campaigner Chirac Ready to Address French," *Daily Mail*(London), March 20, 2003, p. 13.

35. Robert J. McCartney, "Germany Stops Short of Saying 'I Told You So': Opposition to War Vindicated, Officials Say," *Washington Post*, April 3, 2003, p. A33: "독일은, 공식적으로는 전쟁에 반대하면서도 독일 내 미군 기지들의 특별 보안이나 영공 통과 허용과 같은 조치들을 통해 미국의 전쟁 수행을 지지하고 있다. 관리들은 독일이 영국 다음으로 전쟁 수행을 위해서 많은 것을 하고 있다고 말한다." Giles Tremlett and John Hooper, "War in the Gulf: Clampdown on Coverage of Returning Coffins," *The Guardian*(London), March 27, 2003, p. 3도 보시오.

36. Judy Dempsey and Robert Graham, "Paris Gives First Signs of Support to Coalition," *Financial Times*(London), April 4, 2003, p. 4.

37. Interfax, "Putin Wants US Victory," *Hobart Mercury*(Australia), April 4, 2003.

38. Morton Abramowitz, "Turkey and Iraq, Act II," *Wall Street Journal*, January 16, 2003, p. A12.

39. Noam Chomsky, *Hegemony or Survival: America's Quest for Global Dominance*(New York: Metropolitan Books, 2004), p. 131.

40. Angelique Chrisafis et al., "Millions Worldwide Rally for Peace," The Guardian(London), February 17, 2003, p. 6, http://www.guardian.co.uk/antiwar/story/0,12809,897098,00.html.

41. Richard W. Stevenson, "Antiwar Protests Fail to Sway Bush on Plans for Iraq," *New York Times*, February 19, 2003, p. A1.

42. David McDonald and John Pape, "South Africa: Cost Recovery Is Not Sustainable,"

Africa News, August 30, 2002; David McDonald and John Pape, eds., *Cost Recovery and the Crisis of Service Delivery in South Africa*(London: Zed Press, 2002). Ashwin Desai, *We Are the Poors: Community Struggles in Post-Apartheid South Africa*(New York: Monthly Review Press, 2002)도 보시오.

43. "Africa's Engine," *The Economist*, January 17, 2004.

44. Paul Betts, "Ciampi Calls for Review of Media Laws," *Financial Times*(London), July 24, 2002, p. 8. 베를루스코니의 소유 내역을 개관하려면 Ketupa.net Media Profiles: http://www.ketupa.net/berlusconi1.htm을 보시오.

45. Frank Bruni, "Berlusconi, in a Rough Week, Says Only He Can Save Italy," *New York Times*, May 10, 2003, p. A1.

46. Tim Burt, "Mays on a Charm Offensive: The Clear Channel Chief Is Seeking to Answer His Group's Critics," *Financial Times*(London), October 27, 2003, p. 27. John Dunbar and Aron Pilhofer, "Big Radio Rules in Small Markets," The Center for Public Integrity, October 1, 2003, http://www.publicintegrity.org/telecom/report.aspx?aid=63&sid=200 도 보시오.

47. Douglas Jehl, "Across Country, Thousands Gather to Back U.S. Troops and Policy," *New York Times*, March 24, 2003, p. B15.

48. Frank Rich, "Iraq Around The Clock," *New York Times*, March 30, 2003, p. 2:1.

49. Bagdikian, *The New Media Monopoly*.

50. Tom Shales, "Michael Powell and the FCC: Giving Away the Marketplace of Ideas," *Washington Post*, June 2, 2003, p. C1; Paul Davidson and David Lieberman, "FCC Eases Rules for Media Mergers," *USA Today*, June 3, 2003, p. 1A.

51. David Leonhardt, "Bush's Record on Jobs: Risking Comparison to a Republican Ghost," *New York Times*, July 3, 2003, p. C1.

52. Robert Tanner, "Report Says State Budget Gaps Jumped by Nearly 50 Percent, with Next Year Looking Worse," Associated Press, February 5, 2003.

53. Dana Milbank and Mike Allen, "Bush to Ask Congress for $80 Billion: Estimate of War's Cost Comes as Thousands March in Protest," *Washington Post*, March 23, 2003, p. A1.

54. Sheryl Gay Stolberg, "Senators' Sons in War: An Army of One," *New York Times*, March 22, 2003, p. B10. David M. Halbfinger and Steven A. Holmes, "Military Mirrors a Working-Class America," *New York Times*, March 30, 2003, p. A1도 보시오.

55. Darryl Fears, "Draft Bill Stirs Debate Over The Military, Race and Equity," *Washington Post*, February 4, 2003, p. A3.

56. David Cole, "Denying Felons Vote Hurts Them, Society," *USA Today*, February 3, 2000, p. 17A; "From Prison to the Polls," editorial, *Christian Science Monitor*, May 24, 2001, p. 10.

57. Cole, "Denying Felons" and sidebar: "Not at the Ballot Box"를 보시오.

58. Kenneth J. Cooper, "In India's Kerala, Quality of Life Is High but Opportunity Is Limited," *Washington Post*, January 3, 1997, p. A35; Amartya Sen, *Development As Freedom*(New York: Alfred A. Knopf, 1999). Fareed Zakaria, "Beyond Money," *New York Times Book Review*, November 28, 1999, p. 14도 보시오.

59. Linda Villarosa, "As Black Men Move Into Middle Age, Dangers Rise," *New York Times*, September 23, 2002, p. F1.

60. Amy Goldstein and Dana Milbank, "Bush Joins Admissions Case Fight: U-Mich. Use of Race Is Called 'Divisive,'" *Washington Post*, January 16, 2003, p. A1; James Harding, "Bush Scrambles to Bolster Civil Rights Credibility," *Financial Times*(London), January 21, 2003, p. 10.

61. Elizabeth Becker and Richard A. Oppel, Jr., "Bechtel Top Contender In Bidding Over Iraq," *New York Times*, March 29, 2003, p. B6.

62. André Verlöy and Daniel Politi, with Aron Pilhofer, "Advisors of Influence: Nine Members of the Defense Policy Board Have Ties to Defense Contractors," Center for Public Integrity, March 28, 2003, http://www.publicintegrity.org/report.aspx?aid=91&sid=200.

63. Laura Peterson, "Bechtel Group Inc.," Center for Public Integrity, http://www.publicintegrity.org/wow/bio.aspx?act=pro&ddlC=6.

64. Peterson, "Bechtel Group Inc."

65. Bob Herbert, "Spoils of War," *New York Times*, April 10, 2003, p. A27.

66. Herbert, "Spoils of War"에서 인용.

67. Karen DeYoung and Jackie Spinner, "Contract for Rebuilding of Iraq Awarded to Bechtel: U.S. Firm 1 of 6 Invited to Bid for $680 Million Project," *Washington Post*, April 18, 2003, p. A23. 2003년 12월에 3억 5000만 달러어치의 계약이 추가되어, 총 계약 실적은 10억 3000만 달러에 이르렀다. 2004년 1월에 벡텔은 다시 18억 달러 상당의 계약을 수주했다. Elizabeth Douglass and John Hendren, "Bechtel Wins Another Iraq Deal," *Los Angeles Times*, January 7, 2004, p. C2를 보시오.

68. Stephen J. Glain, "Bechtel Wins Pact to Help Rebuild Iraq: Closed-Bid Deal Could Total $680M," *Boston Globe*, April 18, 2003, p. A1.

69. Robin Toner and Neil A. Lewis, "House Passes Terrorism Bill Much Like Senate's, but with 5-Year Limit," *New York Times*, October 13, 2001, p. B6.

70. Cole, *Enemy Aliens*, pp. 57~69를 보시오.

71. Evelyn Nieves, "Local Officials Rise Up to Defy the Patriot Act," *Washington Post*, April 21, 2003, p. A1.

72. Cole, *Enemy Aliens*를 보시오.

73. Amnesty International, "India: Abuse of the Law in Gujarat: Muslims Detained Illegally in Ahmedabad," November 6, 2003, AI index no. ASA 20/029/2003, http://web.amnesty.org/library/Index/ENGASA200292003?open&of=ENG-IND. "People's Tribunal Highlights Misuse of POTA," *The Hindu*, March 18, 2004; and Sanghamitra Chakraborty et al., "Slaves in Draconia: Ordinary Folks——Minors, Farmers, Minorities——Fall Prey to POTA for No Fault of Theirs," *Outlook India*, March 22, 2004도 보시오.

74. Greg Myre, "Shootout in West Bank Kills an Israeli Soldier and a Palestinian," *New York Times*, March 13, 2003, p. A5.

75. Wayne Washington, "More Opposition to Detentions in Terror Probe," *Boston Globe*, May 13, 2002, p. A1; Tamar Lewin, "As Authorities Keep Up Immigration Arrests, Detainees Ask Why They Are Targets," *New York Times*, February 3, 2002, p. 1:14.

76. Neil King, Jr., "Bush Officials Draft Broad Plan For Free-Market Economy in Iraq," *Wall Street Journal*, May 1, 2003, p. A1.

77. Naomi Klein, "Iraq Is Not America's to Sell," *The Guardian*(London), November 7, 2003, p. 27. Jeff Madrick, "The Economic Plan for Iraq Seems Long on Ideology, Short on Common Sense," *New York Times*, October 2, 2003, p. C2도 보시오.

78. David Usborne, "US Firm Is Hired to Purge Schools of Saddam's Doctrine," *The Independent*(London), April 22, 2003, p. 10; Steve Johnson, "Scramble to Win the Spoils of War," *Financial Times*(London), April 23, 2003, p. 27; Paul Richter and Edmund Sanders, "Contracts Go to Allies of Iraq's Chalabi," *Los Angeles Times*, November 7, 2003, p. A1.

79. Heather Stewart, "Iraq: After the War: Fury at Agriculture Post for US Grain Dealer," *The Guardian*(London), April 28, 2003, p. 11.

80. Alan Cowell, "British Ask What a War Would Mean for Business," *New York Times*, March 18, 2003, p. W1; "Spoils of War," editorial, *San Francisco Chronicle*, March 29, 2003, p. A14; Jan Hennop, "S.African Apartheid Victims File Lawsuit in US Court, Name Companies," Agence France-Presse, November 12, 2002; Nicol Degli Innocenti, "African Workers Launch Dollars 100bn Lawsuit," *Financial Times*(London), October 13, 2003, p. 9.

81. John Vidal, "Shell Fights Fires as Strife Flares in Delta," *The Guardian*(London), September 15, 1999, p. 15; Vidal, "Oil Wealth Buys Health in Country Within a Country," *The Guardian*(London), September 16, 1999, p. 19. Ike Okonta and Oronto Douglas, *Where Vultures Feast: Shell, Human Rights, and Oil*(New York: Verso, 2003)

and Al Gedicks, *Resource Rebels: Native Challenges to Mining and Oil Corporations*(Cambridge, MA: South End Press, 2001)도 보시오.

82. Tom Brokaw, speaking to Vice Admiral Dennis McGinn, *NBC News Special Report: Target Iraq*, NBC, March 19, 2003.

83. Bryan Bender, "Roadblocks Seen in Sept. 11 Inquiry," *Boston Globe*, July 9, 2003, p. A2. Josh Meyer, "Terror Not a Bush Priority Before 9/11, Witness Says," *Los Angeles Times*, March 25, 2004, p. A1, and Edward Alden, "Tale of Intelligence Failure Above and Below," *Financial Times*(London), March 26, 2004, p. 2도 보시오.

84. Howard Zinn, *A People's History of the United States*, 20th anniversary ed. (New York: HarperCollins, 2000). Anthony Arnove and Howard Zinn, *Voices of a People's History of the United States*(New York: Seven Stories Press, 2004)도 보시오.

역사의 위인들이 행진에 나설 때 *When the Saints Go Marching Out*

01. Arundhati Roy, "Democracy: Who Is She When She Is at Home?" in *War Talk*, pp. 17~44를 보시오.

02. "Cong[ress Party] Ploy Fails, Modi Steals the Show in Pain," *Indian Express*, August 16, 2003.

03. Agence France-Presse, "Indian Activists Urge Mandela to Snub Gujarat Government Invite," August 4, 2003; "Guj[arat]-Mandela," The Press Trust of India, August 5, 2003; "Battle for Gujarat's Image Now on Foreign Soil," *The Times of India*, August 7, 2003.

04. Agence France-Presse, "Relax, Mandela Isn't Coming, He's Working on a Book," August 5, 2003.

05. Michael Dynes, "Mbeki Can Seize White Farms under New Law," *The Times*(London), January 31, 2004, p. 26.

06. Dynes, "Mbeki Can Seize White Farms."

07. Patrick Laurence, "South Africa Fights to Put the Past to Rest," The Irish Times, December 28, 2000, p. 57.

08. Anthony Stoppard, "South Africa: Water, Electricity Cutoffs Affect 10 Million," Inter Press Service, March 21, 2002.

09. Henri E. Cauvin, "Hunger in Southern Africa Imperils Lives of Millions," New York Times, April 26, 2002, p. A8; James Lamont, "Nobody Says 'No' to Mandela," Financial Times(London), December 10, 2002, p. 4; Patrick Laurence, "South Africans Sceptical of Official Data," The Irish Times, June 6, 2003, p. 30.

10. Desai, We Are The Poors를 보시오.

11. South African Press Association, "Gauteng Municipalities to Target Service Defaulters," May 4, 1999; Alison Maitland, "Combining to Harness the Power of Private Enterprise," Financial Times(London), August 23, 2002; Survey: "Sustainable Business," p. 2.

12. Nicol Degli Innocenti and John Reed, "SA Govt Opposes Reparations Lawsuit," Financial Times(London), May 19, 2003, p. 15.

13. South African Press Association, "SAfrica Asks US Court to Dismiss Apartheid Reparations Cases," BBC Worldwide Monitoring, July 30, 2003.

14. Martin Luther King, Jr., A Testament of Hope: The Essential Writings and Speeches of Martin Luther King, Jr., ed. James M. Washington(New York: HarperCollins, 1991), p. 233.

15. King, A Testament of Hope, p. 233.

16. "Men of Vietnam," New York Times, April 9, 1967, Week in Review, p. 2E. Mike Marqusee, Redemption Song: Muhammad Ali and the Spirit of the Sixties(New York: Verso, 1999), p. 217에서 인용.

17. King, A Testament of Hope, p. 245.

18. Halbfinger and Holmes, "Military Mirrors a Working-Class America"; Fears, "Draft Bill Stirs Debate Over The Military, Race and Equity."

19. Cole, "Denying Felons" and sidebar; "From Prison to the Polls," editorial, *Christian Science Monitor*.

20. King, *A Testament of Hope*, p. 239.

21. Marqusee, *Redemption Song*, p. 218에서 인용.

22. King, *A Testament of Hope*, p. 250.

23. Marqusee, *Redemption Song*, pp. 1~4, 292.

샹카르 구하 니요기를 추모하며 *In Memory of Shankar Guha Niyogi*

01. Human Rights Watch, "India: Human Rights Developments," Human Rights Watch World Report 1993, http://www.org/reports/1993/WR93/Asw-06.htm.

인종주의의 새로운 우화 *Do Turkeys Enjoy Thanksgiving?*

01. 새로운 미국의 세기를 위한 프로젝트의 웹사이트, http://www.newamericancentury.org를 보시오. Verlöy and Politi, with Pilhofer, "Advisors of Influence"도 보시오.

02. "Strike Not Your Right Anymore: SC [Supreme Court] to Govt Staff," *Indian Express*, August 7, 2003; "Trade Unions Protest Against SC [Supreme Court] Order on Strikes," *The Times of India*, August 8, 2003.

03. Arundhati Roy, "On Citizens' Rights to Dissent," in *War Talk*, pp. 87~104를 보시오.

04. Michael Jensen, "Denis Halliday: Iraq Sanctions Are Genocide," *The Daily Star*, Lebanon, July 7, 2000. the interview with Halliday and Phyllis Bennis in Arnove, *Iraq Under Siege*[국역: 『미국의 이라크 전쟁』(북막스)], pp. 53~64도 보시오.

05. Arnove, *Iraq Under Siege*, pp. 103~04.

06. Joseph E. Stiglitz, *Globalization and Its Discontents*(New York: W.W. Norton, 2002), pp. 7, 61, 253~54.

07. "World Trade Special Report," *The Independent*(London), September 10, 2003, p. 1; Thompson Ayodele, "Last Chance for Fair Go on Trade," *Australian Financial Review*, September 11, 2003, p. B63.

08. George Monbiot, *The Age of Consent*(New York: The New Press, 2004), p. 158. U.N. General Assembly, *External Debt Crisis and Development: Report to the Secretary-General*, A/57/253, 2003, p. 2, http://www.un.dk/doc/A570253.pdf도 보시오.

09. 제5차 WTO 각료회담이 2003년 9월 10~14일에 멕시코의 휴양 도시 칸쿤에서 열렸다. Sue Kirchhoff and James Cox, "WTO Talks Break Down, Threatening Future Pact," *USA Today*, September 15, 2003, p. 1B.

시민 불복종의 의미를 되새기며 *How Deep Shall We Dig?*

01. Hina Kausar Alam and P. Balu, "J&K[Jammu and Kashmir] Fudges DNA Samples to Cover Up Killings," *Times of India*, March 7, 2002.

02. Roy, "Democracy: Who Is She When She Is at Home?"을 보시오.

03. Somit Sen, "Shooting Turns Spotlight on Encounter Cops," *Times of India*, August 23, 2003.

04. W. Chandrakanth, "Crackdown on Civil Liberties Activists in the Offing?" *The Hindu*, October 4, 2003: "…… 활동가 몇 명은 경찰의 보복이 두렵다면서 지하로 잠적했다. 주 경찰이 마음 내키는 대로 공격을 자행하기 때문에 그들이 느끼는 공포심에는 이유가 있다. 경찰은 좌익 폭력에 관한 통계는 자주 발표하면서도 자신들이 휘두른 폭력의 희생자들에 관한 언급은 기피한다. 경찰이 자행하는 살인을 추적하고 있는 안드라프라데시 시민 자유 위원회(Andhra Pradesh Civil Liberties Committee; APCLC)는 모두 4000건 이상의 살해 사건을 정리 기록해 왔다. 이 가운데 2000건이 지난 8년 사이에 벌어졌다." K.T. Sangameswaran, "Rights

Activists Allege Ganglord――Cop Nexus," *The Hindu*, October 22, 2003도 보시오.

05. David Rohde, "India and Kashmir Separatists Begin Talks on Ending Strife," *New York Times*, January 23, 2004, p. A8; Deutsche Presse-Agentur, "Thousands Missing, Unmarked Graves Tell Kashmir Story," October 7, 2003.

06. 실종자 부모 협회(APDP)가 작성한 미간행 보고서(스리나가르).

07. Edward Luce, "Kashmir's New Leader Promises 'Healing Touch,'" *Financial Times*(London), October 28, 2002, p. 12도 보시오.

08. Ray Marcelo, "Anti-Terrorism Law Backed by India's Supreme Court," *Financial Times*(London), December 17, 2003, p. 2.

09. People's Union for Civil Liberties, "A Preliminary Fact Finding on POTA Cases in Jharkhand," Delhi, India, May 2, 2003, http://www.pucl.org/Topics/Law/2003/poto-jharkhand.htm.

10. "People's Tribunal Highlights Misuse of POTA," *The Hindu*, March 18, 2004.

11. "People's Tribunal." "Human Rights Watch Ask Centre to Repeal POTA," The Press Trust of India, September 8, 2002도 보시오.

12. Leena Misra, "240 POTA Cases, All against Minorities," *Times of India*, September 15, 2003; "People's Tribunal Highlights Misuse of POTA," *The Hindu*, March 18, 2004. 『타임스 어브 인디아』는 제출된 공술서를 잘못 보도했다. Press Trust of India의 기사가 지적하고 있는 것처럼, 구자라트에서, "명단에 오른 사람 가운데 유일한 비무슬림은 시크교도인 리버싱 테지 싱 시클리가르(Liversingh Tej Singh Sikligar)이다. 그는 수라트의 변호사 하스무크 랄왈라(Hasmukh Lalwala)의 살해를 기도했다는 혐의로 목록에 등장한다. [2003년] 4월 수라트 경찰에 유치된 상태에서 스스로 목을 맸다고 한다." 구자라트의 상황에 관해 상세히 알고자 한다면, Roy, "Democracy: Who Is She When She Is at Home?"를 보시오.

13. "A Pro-Police Report," *The Hindu*, March 20, 2004; Amnesty International, "India: Report of the Malimath Committee on Reforms of the Criminal Justice System: Some Comments," September 19, 2003 (ASA 20/025/2003).

14. "J&K [Jammu and Kashmir] Panel Wants Draconian Laws Withdrawn," *The Hindu*, March 23, 2003. South Asian Human Rights Documentation Center(SAHRDC), "Armed Forces Special Powers Act: A Study in National Security Tyranny," November 1995, http://www.nscnonline.org/webpage/Articles/south_asia_human_rights1.htm 도 보시오.

15. "Growth of a Demon: Genesis of the Armed Forces (Special Powers) Act, 1958"과 *Manipur Update*, December 1999(http://www.geocities.com/manipurupdate/december_feature_1.htm)에 실린 관련 문헌을 보시오.

16. 구자라트의 집단 학살과 관련해 단 한 건도 유죄 확정이 안 난 사실을 확인하려면 Edward Luce, "Master of Ambiguity," *Financial Times*(London), April 3~4, 2004, p. 16을 보시오. 1997년 3월 31일에 발생한 찬드라쉐카르 프라사드 살인 사건을 확인하려면 Andrew Nash, "An Election at JNU," *Himal*, December 2003(http://www.himalmag.com/2003/december/perspective.htm)을 보시오. 본문에 기록된 것 이외의 다른 범죄 사실을 더 확인하려면 위에 언급된 잡지의 pp. 87~90을 보시오.

17. N.A. Mujumdar, "Eliminate Hunger Now, Poverty Later," *Business Line*, January 8, 2003.

18. "Foodgrain Exports May Slow Down This Fiscal [Year]," *India Business Insight*, June 2, 2003; "India: Agriculture Sector: Paradox of Plenty," *Business Line*, June 26, 2001; Ranjit Devraj, "Farmers Protest against Globalization," Inter Press Service, January 25, 2001.

19. Utsa Patnaik, "Falling Per Capita Availability of Foodgrains for Human Consumption in the Reform Period in India," *Akhbar* 2(October 2001), http://66.51.111.239/indowindow/threeessays/contact.php; P. Sainath, "Have Tornado, Will Travel," *The Hindu Magazine*, August 18, 2002; Sylvia Nasar, "Profile: The Conscience of the Dismal Science," *New York Times*, January 9, 1994, p. 3:8. Maria Misra, "Heart of Smugness: Unlike Belgium, Britain Is Still Complacently Ignoring the Gory Cruelties of Its Empire," *The Guardian*(London), July 23, 2002, p.

15. Utsa Patnaik, "On Measuring 'Famine' Deaths: Different Criteria for Socialism and Capitalism?" *Akhbar* 6(November-December 1999), http://www.indowindow.com/akhbar/article.php?article=74&category=8&issue=9도 보시오.

20. Amartya Sen, *Development As Freedom*.

21. "The Wasted India," *The Statesman*(India), February 17, 2001. "Child-Blain," *The Statesman*(India), November 24, 2001.

22. Utsa Patnaik, "The Republic of Hunger," lecture, Jawaharlal Nehru University, New Delhi, India, April 10, 2004, http://macroscan.com/fet/apr04/fet210404Republic_Hunger.htm.

23. Praful Bidwai, "India amidst Serious Agrarian Crisis," *Central Chronicle*(Bhopal), April 9, 2004.

24. Roy, *Power Politics*, 2nd ed., p. 13.

25. Mike Davis, *Late Victorian Holocausts: El Nino Famines and the Making of the Third World*(New York: Verso, 2002)를 보시오.

26. 다른 자료들로는, Edwin Black, *IBM and the Holocaust: The Strategic Alliance Between Nazi Germany and America's Most Powerful Corporation*(New York: Three Rivers Press, 2003)을 보시오.

27. "For India Inc., Silence Protects the Bottom Line," *The Times of India*, February 17, 2003. "CII Apologizes to Modi," *The Hindu*, March 7, 2003.

28. 인도는 2003년 12월 22일에 통과된 유엔 총회 결의안, "Protection of Human Rights and Fundamental Freedoms While Countering Terrorism," A/RES/58/187에서 기권한 유일한 나라였다. Amnesty International India, "Security Legislation and State Accountability: A Presentation for the POTA People's Hearing, March 13~14, New Delhi," http://www.un.org/Depts/dhl/resguide/r58.htm에서 인용.

찾아보기

ㄱ

간디, 모한다스 K. Gandhi, Mohandas K. 74~76 98 124
갤럽인터내셔널 Gallup International 58
거트만, 닉 Guttmann, Nick 36
경제 제재 economic sanction 12 31 37 38 53 71 82 95
고드라 열차 공격(사건) Godhra train attack 103
공익보전센터 Center for Public Integrity 66
공화당(미국) Republican Party(US) 67 79
관타나모 만(쿠바) Guantanamo Bay(Cuba) 33 34
괴링, 헤르만 Goering, Hermann 54
구자라트 Gujarat 13 15 17 19 21 75 76 91 106 108 115 117 127
국방정책위원회(미국) Defense Policy Board 66
국제통화기금 International Monetary Fund 40 74 94 96 126 129

ㄴ

나가르나르 Nagarnar 18 117
나르마다 바차오 안돌란(NBA) Narmada Bachao Andolan(NBA) 16 21 22
나이지리아 Nigeria 69
나치 Nazis 57 115
남아프리카(공화국) South Africa 60 69 75~78 95 97
노동자당(브라질) Workers' Party(Brazil) 96
뉴스코퍼레이션 News Corporation 63
『뉴욕 타임스』 New York Times 30 48 67 80
니마드말와 키산 마즈도르 상가탄 Nimda Malwa Kisan Mazdoor Sangathan 20
니요기, 샹카르 구하 Niyogi, Shankar Guha 85~88 109

ㄷ

달리라지하라 Dalli Rajhara 86
달릿 Dalit 18 76 107 114
대통령 직속 수출 위원회(미국) President's Export Council(US) 66
델리 Delhi 15 108
독일 Germany 40 58

찾아보기 **159**

독재(정권) dictatorship 41 44 50 52 54 81 131
디즈니 Disney 63

ㄹ
라시트리야 스와얌세바크 상 Rashtriya Swayamsevak Sangh(RSS) 76
라이스, 콘돌리자 Rice, Condoleezza 39 83 94
라이아가라 Rayagara 117
라트 야트라 Rath Yatra 914 116
러시아 Russia 58 114
럼스펠드, 도널드 Rumsfeld, Donald 39 54 55 66
레닌, V.I. Lenin, V.I. 69
룰라 다 실바, 루이즈 이냐시우 Lula da Silva, Luiz Inàcio 96 97
린리스고 경 Linlithgow, Lord 108

ㅁ
마니푸르 Manipur 108
마디아프라데시 Madhya Pradesh 17 20 117 118
마자르-에-샤리프 Mazar-e-Sharif 34
마커시, 마이크 Marqusee, Mike 83

마하라슈트라 Maharashtra 93 116
만델라, 넬슨 Mandela, Nelson 74~78 97
말리마트 위원회 Malimath Committee 107
맥노튼, 존 McNaughton, John 37
맬컴 엑스 Malcolm X 79 83
메소포타미아 Mesopotamia 29 54
멘디케다 Mehndi Kheda 17 117
모디, 나렌드라 Modi, Narendra 76 92
무슬림 Muslim 9 15 19 42 43 55 68 75 76 86 91 104 106~108 115 127
무탕가 보호구역 Muthanga sanctuary 18 19 26 117
뭄바이 Mumbai 18 19 26 117
『미 국방성 보고서(백서) Pentagon Papers』 37
미국 국제개발청 United States Agency for International Development(USAID) 68
『미국 민중사(하워드 진) People's History of the United States (Zinn)』 72
미시건 대학교 University of Michigan 65
미조람 Mizoram 108
민주당(미국) Democratic Party(US) 79

ㅂ
바그다드 Baghdad 33 35 50
바라티야 자나타 당(BJP) Bharatiya Janata Party 15

바브리 마스지드 Babri Masjid *14 15 114
116 119*
바스라 Basra *35 36 43*
바지랑 달 Bajrang Dal *15 117*
바크라낭갈 댐 Bhakra Nangal Dam *21*
바트당(이라크) Ba'ath Party(Iraq) *50 100*
베이커, 엘라 Baker, Ella *83*
베트남 전쟁 Vietnam War *37 43 79~82*
벡텔 Bechtel *66 67 82 92 129*
벡텔, 라일리 Bechtel, Riley *66*
벵골 대기근 Bengal Famine *109*
베를루스코니, 실비오 Berlusconi, Silvio *62*
볼드윈, 제임스 Baldwin, James *83*
부시, 조지 H.W. Bush, George H.W. *47*
부시, 조지 W. Bush, George W. *26 31~33 36~41 44 45 47~50 56~59 64~70 77 79 83 89 98 99 130~132*
불가촉천민 Untouchable 아디바시와 달릿을 보시오. See Adivasi; Dalit *18*
브라질 Brazil *89 96 129*
브레진스키, 즈비그뉴 Brzezinski, Zbigniew *50*
브로코, 톰 Brokaw, Tom *69*
블레어, 토니 Blair, Tony *32 36 38 39 56 132*
비슈와 힌두 파리샤드 Wishwa Hindu Parishad(VHP) *104*
비아콤 Viacom *63*

비하르 Bihar *19 118*
빈 라덴, 오사마 bin Laden, Osama *32 50 53*
빈센느 호(미국의 해군 함정) Vincennes (US navy ship) *47*

ㅅ

사르다르사로바르 댐 Sardar Sarovar Dam *16 21*
사막의 폭풍 작전 Operation Desert Storm *25*
오리사 Orissa *17 19 117*
사바르마티 특급열차 Sabarmati Express *103*
사베, 프라탑 Save, Pratap *17*
사이에드, 모함메드 Sayeed, Mohammed (Mufti) *105*
상 파리바르 Sangh Parivar *15 121 122*
새로운 미국의 세기를 위한 프로젝트 Project for the New American Century *70 88 101*
샤헤드 병원 Shaheed hospital *88*
석유 oil *38~40 55 58 69 90*
선전(홍보) propaganda. *11 16 22 33 34 41 43 44 57 72 77 121*
세계무역기구 World Trade Organization *94 126*
세계무역센터 World Trade Center *8 25 30*

48

세계사회포럼 World Social Forum(WSF) 89 96 97 101 136

세계은행 World Bank 22 126

센, 아마르티아 Sen, Amartya 65 109

셰브런 Chevron 39

소금 행진 Salt March 98 124

수니파 무슬림 Sunni Muslims 56

『수자원 부문 전략 Water Resources Sector Strategy』(세계은행) 22

쉘 Shell Oil 39 69

쉬한, 잭 Sheehan, Jack 66

슐츠, 조지 Shultz, George 66

시라크, 자크 Chirac, Jacques 58

시아파 무슬림 Shia Muslims 35 43 50 51 56

시크교도 Sikhs 76 86 103 106 108

식민주의 colonialism. 제국주의도 보시오 See also imperialism 60 75

실종자 부모 협회 Association of Parents of Disappeared People(APDP) 104 105

싱, 만모한 Singh, Manmohan 116

ㅇ

아드바니, L.K. Advani, L.K. 14 116

아디바시 무크티 상가탄 Adivasi Mukti Sangathan 17~19 25~27 76 105 107 114 115 117

아르헨티나 Argentina 40 77 90 129

아서 앤더슨 Arthur Andersen 92 129

아파르트헤이트(인종 분리 정책) apartheid 60 61 69 77 78 95

아프가니스탄 Afghanistan 12 13 25 34 51 53 56 81 98

아프리카민족회의(ANC) African National Congress 61

안드라프라데시 시민 자유 위원회 Andhra Pradesh Civil Liberties Committee(APCLC) 104 121

알 카에다 Al-Qaeda 30 48 50 105

알리, 무하마드 Ali, Muhammad 83

『알리, 아메리카를 쏘다 Redemption Song』 83

애국법 Patriot Act 67 70

애국주의 patriotism. 민족주의도 보시오 9 43 72 105

애쉬크로프트, 존 Ashcroft, John 52

앰스터츠, 댄 Amstutz, Dan 69

에스파냐 Spain 59

에이즈(AIDS) AIDS 77 94

엔론 Enron 92 93 116 129

여론조사 poll 30 48 58

연방수사국 Federal Bureau of Investigation 67

연방통신위원회 Federal Communications

Commission(US) 63

오고니족 Ogoni tribe 69

오마르, 라게 Omaar, Rageh 35

옥스팸 Oxfam 69

『옵서버 Observer』 35

왓킨, 케빈 Watkin, Kevin 69

우메르가온 Umergaon 117

우타르프라데시 Uttar Pradesh 106 118

『월 스트리트 저널 Wall Street Journal』 169

위아나드, 케랄라 주 Wyanad, Kerala 18 19 25 26 65 117

유엔 United Nations(UN) 31 35 38 45 52 53 58 82 95 118 132

육군특별법 Armed Forces Special Powers Act 107 108

음베키, 타보 Mbeki, Thabo 77 78

의회당(인도) Congress Party(India) 15 116 119

이라크해방위원회 Committee for the Liberation of Iraq 66

이란 Iran 47 51 81

이스라엘 Israel 68 92

이탈리아 Italy 59 62

인도 포기 운동 Quit India Movement 108

인도산업연맹 Confederation of Indian Industry(CII) 115

『인디아 투데이 India Today』 23

『인디안 익스프레스 Indian Express』 23

『인디펜던트 온 선데이 Independent on Sunday』 36

인터넷 internet 10 11 46

ㅈ

자르칸드 Jharkhand 17 19 20 105 117 118

잠무카슈미르 주 Jammu and Kashmir state 107

재건및인도주의지원처(ORHA) Office of Reconstruction and Humanitarian Assistance 54 55

전미칠면조연맹 National Turkey Federation 93

정보기관 활동에 대한 의회의 합동 조사 보고서(미국) Joint Inquiry into Intelligence Community Activities(US) 70

제2차 세계대전 World War II 109

제국주의 imperialsim 58 88~90 93 98~100 128 135 136

제네바 협정 Geneva Convention 33 34 57

죄수(포로) prisoner 33

집단 학살 pogrom 15 106 113 115 127

ㅊ

찾아보기 **163**

차티스가르 무크티 모르차 Chhattisgarh Mukti Morcha 85~88 109

책임정치센터 Center for Responsive Politics 67

체니, 리처드(딕 체니) Cheney, Richard 39

추수감사절(미국) Thanksgiving(US) 94

치티싱그푸라 Chittisinghpura 103

칠리카 Chilika 17 117

칠면조 사면 turkey pardoning 93

ㅋ

카길 전쟁 Kargil war 카슈미르도 보시오. 8

카길 Cargill 69

카마이클, 스토클리 Carmichael, Stokely 81

카슈미르 Kashmir 8 9 19 20 91 102~104 107 118 119

카타르 Qatar 63

칸, I.G. Khan, I.G. 102

칸쿤 각료회담 Cancun summit(WTO) 96

케네디, 존 F. Kennedy, John F. 50

케랄라 Kerala 16 9 18 19 25 26 65 107 117

코엘카로 댐 Koel Karo dam 17 18

콘아그라푸드 ConAgra Foods 94

쿠르드족 Kurdish people 51 81

크리스천 에이드 Christian Aid 36

클리어채널 커뮤니케이션스 Clear Channel Communications 62

킹, 로드니 King, Rodney 54

킹, 마틴 루터, Jr. King, Martin Luther, Jr. 64 74 78~83

ㅌ

타밀나두 Tamil Nadu 105

타이타닉 호 Titanic 28

『타임스 오브 인디아』 Times of India 156

탈레반 Taliban 53 56

터키 Turkey 52 58

테러(리즘) terrorism 19 20 26 35 40 42 44 56 57 67 70 93 103 105 107 110 118 120 126 129 132

테러방지특별법(POTA) Prevention of Terrorism Act(POTA) 19 105~107

테러와의 전쟁 War Against Terror 19 40 56 57 93 118 129

토가디아, 프라빈 Togadia, Pravin 92

트리푸라 Tripura 108

ㅍ

파시즘 fascism 44 92 113~116 119 120 126 127 129 135

파월, 마이클 Powell, Michael 63 83
파월, 콜린 Powell, Colin 63 83 94
『파이낸셜 타임스 Financial Times』 62
파키스탄 정보 기구(ISI) Inter Services Intelligence 18 104
파키스탄 Pakistan 8 18 52 100 104
파트나이크, 우차 Patnaik, Utsa 109 110
팔레스타인인 Palestinian 68 72 98
펜타곤(미 국방성) Pentagon 30 48 54 55 66
평균 수명 life expectancy 65
포르투알레그레, 브라질 Porto Alegre, Brazil 89 135
포크란 Pokhran 8
푸틴, 블라디미르 Putin, Vladimir 58
프라사드, 찬드라쉐카르 Prasad, Chandrashekhar 109
프랑스 France 33 39 58
프랭크스, 토미 Franks, Tommy 57 63
플루어 Fluor 69
피셔, 요쉬카 Fischer, Joschka 58

ㅎ
할라브자, 이라크 Halabja, Iraq 51
함무라비 법전 Hammurabi Code 54 55
핵무기 nuclear weapond 40 43 50 71 128
핼러데이, 데니스 Halliday, Denis 95

핼리버튼 Halliburton 39 92
헝가리 Hungary 59
헤이머, 파니 루 Hamer, Fannie Lou 83
후세인, 사담 Hussein, Saddam 26 30 32 36 37 40 41 44 48 49 50 51 53 58 69 81 92 95 99 127 131
훈, 지오프 Hoon, Geoff 32
힌두트바 Hindutva 117

기타
9·11 공격 (사건) September 11 attack. 테러 (리즘)도 보시오. See also terrorism 30 48
ABC 뉴스 ABC News 30 48
AOL-타임 워너 AOL-Time Warner 63
BBC(British Broadcasting Corporation) 35 41 53
BP(British Petroleum) 69
CBS 뉴스 CBS News 30 48 50
CIA(미 중앙정보국) CIA 50
CNN(Cable News Network) 29 39 41 53 127

찾아보기 **165**